서른
머뭇거리지 않기로 결심했다

서른, 머뭇거리지 않기로 결심했다

초판 1쇄 인쇄 2012년 8월 20일 초판 2쇄 발행 2012년 9월 12일

지은이 한창욱 펴낸이 연준혁

출판2분사분사장 이부연
책임편집 윤서진

제작 이재승

펴낸곳 (주)위즈덤하우스 출판등록 2000년 5월 23일 제13-1071호
주소 경기도 고양시 일산동구 장항동 846번지 센트럴프라자 6층
전화 031)936-4000 팩스 031)903-3893 홈페이지 www.wisdomhouse.co.kr
종이 월드페이퍼 인쇄·제본 현문인쇄

값 12,000원 ISBN 978-89-6086-552-5 13320

* 잘못된 책은 바꿔드립니다.
* 이 책의 전부 또는 일부 내용을 재사용하려면
  사전에 저작권자와 (주)위즈덤하우스의 동의를 받아야 합니다.

서른, 머뭇거리지 않기로 결심했다 / 한창욱 지음. -- 고양 : 위즈
덤하우스, 2012
   p. ;   cm

ISBN 978-89-6086-552-5 13320 : ₩12000

인생훈[人生訓]
처세술[處世術]

199.1-KDC5
179.9-DDC21   CIP2012003634

달아나지 말고
당당히 맞서야 할
28가지 인생 숙제

서른,
머뭇거리지
않기로
결심했다

한창욱 지음

위즈덤하우스

"고치를 벗고 비상하는 나비처럼
현명한 어른이 되기를 꿈꾸는 분들께 바칩니다."

프롤로그

더 늦기 전에
미션을 수행하자!

　그리스 로마 신화를 읽다 보면 흥미로운 수수께끼와 마주하게 된다. 상반신은 여자이고, 몸통은 사자인 스핑크스는 테바이로 들어가려는 사람들에게 묻는다.
　"아침에는 네 발로 걷고, 점심에는 두 발로 걷고, 저녁에는 세 발로 걷는 것은 무엇인가?"
　수수께끼의 답은 '인간'이다. 인간의 생애는 이처럼 삼등분할 수 있다. 아침은 부모 밑에서 홀로서기를 준비하는 시기이고, 점심은 독립해서 인생을 꾸려나가는 시기이고, 저녁은 휴식을 취하며 인생을 음미하는 시기이다.
　아침에서 점심으로 넘어가는 시기를 현대인의 나이로 계산해 보면 대략 서른 전후, 점심에서 저녁으로 넘어가는 시기는 예순 전후가 된다.

대다수가 서른 무렵에 취업을 하거나 사업을 시작하고, 결혼해서 가정을 꾸린다. 홀로서기를 위한 첫발을 내딛는 셈이다. 또한 꿈을 향한 본격적인 날갯짓을 시작하는 시기이니, 인생의 성패는 이 무렵에 갈린다고 해도 지나치지 않다.

이 시기는 일종의 과도기여서 변화가 필수적으로 수반된다. 다양한 성격을 지닌 다양한 계층의 사람을 만나고, 새로운 환경 속으로 뛰어들어 다양한 사건과 마주하게 된다. 때로는 성취감을 맛보기도 하지만 때로는 엄청난 스트레스를 받기도 한다.

새로운 세계로 들어가기 위한 마음의 준비가 되어 있지 않은 사람들은 혼란과 좌절의 소용돌이 속으로 순식간에 빨려 들어가고 만다. 일찍이 볼테르는 이렇게 경고하지 않았던가.

"자기 나이에 알맞은 지혜와 지식을 갖추지 못한 사람은 그 나이에 겪게 되는 온갖 불행으로부터 벗어날 수 없다."

서른 전후를 슬기롭게 보낸 이들은 정신적으로 한층 성숙해져서 성공적인 삶을 살아가게 된다. 그러나 그렇지 못한 이들은 '피터팬 증후군' 같은 과거의 악령에 발목을 붙잡혀 어른의 세계로 건너가지 못한 채 유년의 세계에 머물게 된다.

세계와 세계 사이에는 문이 있다. 기존 세계와 작별하고 새로운 세계로 진입하기 위해서는 반드시 문을 통과해야만 한다. 그러나 문은 쉽게 열리지 않는다. 문을 통과하려면 그 전에 몇 가지 미션을 수행해야만 한다. 페르세우스가 메두사의 목을 베고, 오이디푸스가 스핑크스의 수수께끼를 풀고, 헤라클레스가 12가지 미션을 수행한 것처럼.

신화는 수많은 상징을 내포하고 있다. 신화학자인 조셉 캠벨은 '영웅의 여정'을 인간이 '자아를 찾아가는 과정'으로 해석하기도 한다. 신화 속에 등장하는 위대한 영웅은 우리가 살아가면서 발휘해야 할 용기와 지혜를 뜻하고, 끔찍한 괴물은 우리의 내면 깊은 곳에 잠들어 있는 어둠이나 원초적 본성을 의미한다. 따라서 성숙한 인간으로 성장하기 위해서는 반드시 내면의 두려움과 맞서 싸워야 한다.

• •

인간의 미래에 어떤 운명이 놓여 있는지 알 수 없기에 삶은 종종 안개에 비유된다. 특히 서른 전후의 삶은 한 치 앞도 볼 수 없는 자욱한 안개 속이다. 기존 세계와 작별하고 새로운 세계로 들어가기 위해서는 꾸준히 앞으로 나아가야 하는데, 많은 이들이 그 자리에서 꼼짝하지 못하거나 같은 자리를 맴돌고 있다. 굳은 의지로 새로운 일에 도전해 보지만 번번이 실패한다. 사소한 걱정, 자신감 부족, 사교성 부족, 의지박약, 내향적인 성격, 열등감, 배신감, 스트레스, 우울증 등등의 이름을 지닌 괴물들이 앞을 떡 가로막고 있기 때문이다.

이런 실정이다 보니 회사에서는 가장 열심히 일하고도 승진에서 탈락하고, 어떻게 말을 건네야 할지 몰라서 망설이다 사랑하는 사람을 엉뚱한 친구에게 빼앗기고, 믿었던 친구에게 배신당한 뒤 대처 방법을 몰라 혼자서 속만 태우며 오랫동안 신음하기도 한다.

신화 속 영웅처럼 용기와 지혜를 발휘해서 괴물과 맞서 싸우고 싶지만 늘 마음뿐이다. 괴물의 정확한 실체도 모르는 데다 어떻게 싸워야 할지 방법조차 모르기 때문이다. 고작 할 수 있는 거라곤 괴물에게 가로막혀 모처럼의 의도나 계획이 좌절될 때마다 "괜찮아, 괜찮아!" 하고, 혼잣말을 중얼거리며 스스로를 위로하는 일뿐이다.

이런 식의 달콤한 대응은 그 순간의 위안은 얻을지언정 근본적인 해결책이 될 수 없다. 혼자만의 문제가 아닌 대다수가 겪고 있는 문제라고 해서 얼렁뚱땅 넘어가려 해서는 안 된다. 사소한 불행이라고 애써 무시하거나 외면해서도 안 된다. 제때 괴물을 제거하지 못한다면 머잖아 내가 통째로 잡아먹히게 된다.

더 늦기 전에 미션을 수행하자! 내 꿈을 위해서, 내 인생의 참다운 주인이 되기 위해서 영웅의 행로를 따라가 보자. 기존의 세계와 작별하고 새로운 세계로 진입하기 위해서는 결단이 필요하다. 언제까지 두려움에 떨며 엉거주춤한 자세로 그렇게 서 있을 셈인가? 더 이상 외면하지 말고 내면의 괴물을 정면으로 응시하라. 그런 다음 칼을 뽑아 사정없이 목을 베어라!

비록 생살을 베는 고통이 밀려온다 해도 눈을 감거나 등을 돌려서는 안 된다. 울지 않는 청년은 야만인이요, 웃지 않는 노인은 바보라고 하지 않던가. 지금은 잘못된 습관과 과거의 악령을 베어내기 위해서 눈물을 흘려야 할 때이다.

훗날, 인생의 잡다한 고민들이 벌레 먹은 나뭇잎처럼 떨어져 나가고 나면 인생이 한층 가벼워졌음을 느끼리라. 즐거움이 시냇물처럼 청아한 소리를 내며 마음 깊은 곳으로 흘러가고, 행복감이 허브 향기처럼 영혼을 가득 채우리라.

진정한 평화는 치열한 전투 뒤에 찾아오게 마련이다. 칼을 움켜쥐고, 스스로에게 더 이상 망설이지 않겠노라고 다짐하라. 그런 다음 하나씩, 하나씩 미션을 수행하라. 그대는 영웅이 될 충분한 자질을 지니고 태어났다.

늘 결심만 하는 바보가 아닌, 영웅이 된 그대를 만나고 싶다!

차례

프롤로그 | 더 늦기 전에 미션을 수행하자! 7

CHAPTER 1
타인으로부터 자유롭기 위해서

적절한 관계를 원한다면 적절한 거리가 필요하다 17
● 연습 1: 타인의 말에 상처 입지 않는 지혜
다르다는 것은 장벽이 아니라 소통의 시발점이다 24
● 연습 2: 효과적인 의사소통술
인간적인 매력은 완벽함이 아니라 부족함에서 나온다 31
● 연습 3: 인기 있는 사람이 되는 비결
분노는 위험한 감정이 아니라 해소해야 할 감정이다 38
● 연습 4: 현명하게 화내는 기술
배신은 당하는 것이 아니라 초래하는 것이다 47
● 연습 5: 배신의 충격에서 벗어나기
이별은 상실이 아니라 새로운 시절을 받아들이는 것이다 57
● 연습 6: 이별에 아름답게 대처하는 지혜
자신의 최대치를 찾으려는 의지가 행복의 결정적 열쇠이다 64
● 연습 7: 나만의 인생 100배 즐기기
결혼은 친숙함에서 벗어나 서로를 끝없이 증명하는 일이다 72
● 연습 8: 후회 없는 배우자 선별법
나를 미워하는 사람마저 끌어안을 때, 인생은 성장한다 81
● 연습 9: 나만 미워하는 사람 대처법

CHAPTER 2
스스로에게 당당하기 위해서

상처뿐인 승낙보다 여유로운 거절이 낫다 91
- 연습 10: 현명하게 거절하는 법

자신감은 세상이 퍼붓는 공격을 흡수하는 완충장치다 99
- 연습 11: 자신감 100배 배양술

내성적인 사람이란 감추는 사람이 아니라 마음의 움직임이 느린 사람이다 107
- 연습 12: 사교성을 기르는 지혜

삶의 벼랑에서 나를 건지는 것은 오직 자존감이다 115
- 연습 13: 자존감 높이는 법

쓸모없는 걱정의 공통점은 절대로 일어나지 않는다는 것이다 122
- 연습 14: 사소한 걱정 퇴치술

아무것도 하지 않는 자에게 삶은 숙제일 뿐이다 130
- 연습 15: 용기, 실속 있게 충전하기

순간의 작은 격려가 위대한 성취를 낳는다 138
- 연습 16: 슬기롭게 목표 달성하는 법

중독은 시간과 청춘을 잡아먹는 블랙홀이다 145
- 연습 17: 빠르게 중독에서 벗어나기

우월한 존재보다는 특별한 존재가 낫다 155
- 연습 18: 열등감 퇴치술

변명을 줄일수록 내공은 커진다 163
- 연습 19: 정직의 힘 키우기

CHAPTER 3
세상 앞에 무릎 꿇지 않기 위해서

시간은 백만장자를 거지로, 거지를 백만장자로 만든다 173
● 연습 20: 시간을 효율적으로 사용하는 기술
스트레스를 통제하지 않으면 스트레스에 끌려가게 된다 182
● 연습 21: 스트레스 퇴치술
미래에 대한 도전과 상상은 우리의 뇌를 춤추게 한다 190
● 연습 22: 젊었을 때 도전해 봐야 하는 이유
실수하는 자가 더 많은 기회를 얻는다 196
● 연습 23: 실수했을 때 현명하게 대처하는 기술
성공을 꿈꾸는 것보다 실패를 공부하는 것이 더 중요하다 203
● 연습 24: 실패를 성공으로 바꾸기 위해 꼭 해야 할 일들
불확실한 미래를 비전으로 대체할 때, 생존은 기쁨이 된다 210
● 연습 25: 신나고 즐겁게 일하는 비결
진실이 때로는 우리를 다치게 해도, 그 또한 지나가리라 218
● 연습 26: 억울한 일을 당했을 때의 대처술
불행이라는 껍질을 벗어야 비로소 우리는 날게 된다 227
● 연습 27: 불행, 가볍게 뛰어넘기
몰입은 구덩이에 빠진 행복을 되찾는 힘이다 234
● 연습 28: 삶의 주도권을 되찾는 순서

부록 | 후회 없는 젊은 날을 보내는 7가지 비결 241

CHAPTER 1

타인으로부터
자유롭기 위해서

적절한 관계를 원한다면
적절한 거리가 필요하다

"월요일까지 끝내라고 한 일을 수요일까지 붙들고 있으면 도대체 어쩌자는 거야? 굼벵이도 자네보다는 빨라!"

입사 2년차인 현태는 장 부장의 말에 움찔했다. 말이 좀 심하다는 생각이 들었지만 자신의 잘못도 있고 해서 묵묵히 잔소리를 들었다.

돌아서자 장 부장의 말이 머릿속을 맴돌았다.

'내가 굼벵이보다도 못한 인간이라고? 한마디로 해서 회사에 빌붙어 사는 기생충 같은 존재라는 거군!'

현태는 울적한 기분도 풀 겸 해서 퇴근 후 친구를 만났다. 친구와 함께 술을 마시다 화장실에 갔다 오는 길에 우연히 인사과의 이 대리와 마주쳤다. 잠깐 술자리로 모셔서 술을 한잔 따라주었고, 이 대리는 이내 일행이 기다리는 곳으로 돌아갔다.

그러자 친구가 언성을 높였다.

"야, 넌 자존심도 없냐? 아무리 상사라지만 왜 이렇게 굽실거려? 그렇게 비굴하게 직장을 다닐 바에야 차라리 거리에 나가서 구걸을 해, 구걸을!"

순간, 머릿속이 혼란스러웠다. 이 대리에게 했던 행동을 하나씩 되짚어보았다. 친구의 말을 듣고 보니, 아닌 게 아니라 자신이 조금 심했다는 생각이 들었다.

'아무리 그래도 그렇지, 구걸을 하라니? 이 자식이 날 거지로 보는 거야, 뭐야?'

불쾌감이 울컥 솟구쳤고 가슴속이 용암처럼 부글부글 끓었다. 문득, '내가 인생을 잘못 살고 있는 건 아닌가?' 하는 생각이 들었고, 몹시 우울해졌다.

• •

사회생활의 시작은 관계 구축이다. 언어는 관계를 이루는 데 중요한 매개체이다. 미래에는 인간에게 초능력이 생겨서 마음만으로도 소통할 수 있을 거라고 주장하는 사람도 있다. 만약 그렇게 된다면 언어는 이 지상에서 더 이상 존재할 이유가 없다.

대화 속에는 인간의 심리가 숨어 있다. 그래서 많은 사람들이 대화의 달인이 되려고 노력한다. 대화의 달인이 되면 주변 사람들을 행복하게 만들 수 있고, 성공할 수 있다고 믿기 때문이다. 그러나 달인은커녕 대화의 기본조차 모르는 사람들이 대다수이다.

대화란 커뮤니케이션이다. 함께 뜻을 나누고 의견을 교환함에 있어서 오해가 없어야만 제대로 된 대화이다. 대화의 기본을 무시한 채 자신의 감정만을 내세우다 보면 오해가 빚어지고, 관계가 위태로워진다.

타인이 무심코 내뱉은 말이나 언쟁으로 인해 스트레스를 받게 되는 까닭은 그것이 관계의 변화를 예고하고 있기 때문이다. 인간은 본능적으로 행복을 추구하는데, '안정적 관계'는 행복 추구에 있어서 대단히 중요한 요인 가운데 하나이다. 관계가 깨어진다는 것은 곧, 전쟁 같은 재난을 불러올 수도 있음을 의미한다.

친밀한 관계가 아닌 낯선 사람에게 심한 말을 들었을 때는 기분이 나빠도 마음의 상처를 입지 않는다. '관계'에 대한 우려나 걱정이 없기 때문에 속된 말로 '똥 밟았다.'고 생각하고 무시하면 그만이다.

말로 인한 마음의 상처는 가까운 사람에게서 입게 된다. 관계가 가까우면 가까울수록 마음의 상처는 크기 마련이다. 자신의 공적인 이미지가 훼손되는 데 대한 두려움과 기존 관계가 깨어질 수도 있다는 두려움이 뒤섞여 있기 때문이다.

특히 말을 가려서 하던 사람에게서 심한 말을 들었을 경우, 별의별 생각이 다 든다. 자존감이 낮고 대인 관계에 대한 애착이 강할수록 사태를 심각하게 받아들인다.

'내가 굼벵이보다도 못한 인간이라고? 한마디로 해서 회사에 빌붙어 사는 기생충 같은 존재라는 거군!'

이런 식의 반응은 일종의 자학이다. 치료해 주고 덮어 주어야 할 상처를 후벼 파서 오히려 덧나게 하는 꼴이다.

사회생활을 제대로 하려면 자존감이 높아야 한다. 그래야만 외풍이 불어와도 '나'에 대한 무게 중심을 잃지 않는다. 타인의 평가에 쉽게 휘둘리는 까닭은 내가 나 자신을 제대로 평가하지 못하고 있기 때문이다. 소중한 나에 대한 평가를 타인에게 맡겨두는 것은 어리석은 짓이다. 남들이 뭐라고 하든, '나는 소중하다!'라는 강한 의식이 있어야만 중심을 지키며 사회생활을 할 수 있다. 대꾸할 만한 가치가 없는 말은 아예 무시해 버리는 것도 좋은 방법이다.

'우리 부장님이 아침부터 히스테리가 심한 걸 보니 사모님한테 한 소리 들은 모양이네.'

말은 의식적으로 내뱉기도 하지만 무의식적으로 내뱉기도 한다. 개인적으로 기분 나쁜 일이 있으면 자신도 모르게 말 속에 감정이 섞

인다. 그래서 장군이 심기가 불편해 기침을 하면, 이등병이 밤새 열 차려를 받는 웃지 못할 일이 빚어진다.

자존감이 높은 사람은 불쾌한 일이 있어도 자신의 감정을 자신의 선에서 처리한다. 말로 내뱉어봤자 불쾌감만 확산된다는 걸 알기 때문이다. 타인에게 상처를 주는 말을 자주 하는 사람은 자존감이 낮은 사람이다. 자신의 열등감이나 낭패감을 스스로 해소하지 못하다 보니 가까운 사람에게 감정의 찌꺼기를 말로써 쏟아 버리는 것이다.

그런 말들은 '소통'이라는 가면을 쓰고 있지만 일종의 오물이다. 진지하게 받으려고 하지 말고 재빨리 피하는 게 상책이다. 인간은 오만 가지 감정을 끌어안고 살아가는 동물이다. 솟구치는 수많은 감정 중에서 행복한 감정만을 추려서 살아가도 왠지 아쉽고 허전한 게 인생이다. 그런데 타인마저도 처치 곤란한 쓰레기 같은 감정을 말로 쏟아 낼 때마다, 텁석 받아서 꿀꺽 삼킨다면 참으로 불쌍하고 피곤한 인생이다.

'아무리 그래도 그렇지, 구걸을 하라니? 이 자식이 날 거지로 보는 거야, 뭐야?'

'소중한 나'는 어디론가 사라지고 졸지에 거지가 되고 말았다. 오물을 피하지 않고 온몸으로 뒤집어썼기 때문이다.

장 부장도 자존감이 낮고, 현태도 자존감이 낮고, 그의 친구마저도 자존감이 낮은 사람들이다. 자존감이 높은 사람은 남의 가슴에 상처를 주는 말은 내뱉지 않고, 그까짓 말 한마디 때문에 자기중심을 잃지도 않는다.

자존감이 높다면 대응 방법은 무수히 많다. 이렇게 한 발짝 물러나서 여유롭게 대처할 수도 있다.

'꼬리가 없어서 유감이군. 난 다른 사람에게 기쁨을 줄 수 있다면 기꺼이 꼬리라도 흔들 수 있는데…….'

인간은 저마다 자신을 세상의 주인공이라고 생각하며 살아간다. 타인의 시선을 의식하며 살아가다 보니 타인의 비판에 신경을 곤두세운다. 타인을 지나치게 의식하다 보면 나의 삶이 아닌 타인의 삶을 살아가게 된다. 이런 류의 사람은 절대로 세상의 주인공이 될 수 없다. 진정한 주인공이 되려면 묵묵히 '나의 삶'을 살아갈 줄 알아야 한다.

만약 누군가에게서 치욕적인 말을 들었고, 그로 인해서 마음속에서 수십 가지 감정이 교차하고 있는데, 어떤 걸 선택해야 할지 모르겠다면 방법은 딱 한 가지이다.

나를 가장 행복하게 해 줄 수 있는 감정을 선택하라!

타인의 말에 상처 입지 않는 지혜

하나, 나의 미래 가치를 높은 곳에 둔다.

'나는 CEO다.', '나는 노벨 물리학상 수상자이다.'라는 식으로 마음속으로 항상 생각하라. 꿈이 있으면 타인의 무차별적인 비판을 무시할 수 있는 여유가 생긴다.

둘, 말의 의미를 파고들지 않는다.

타인에게 상처를 주는 심한 말은 감정의 찌꺼기이며, 일종의 오물이다. 오물은 멀찍이 피하는 게 상책이다. 파고들면 파고들수록 오물이 온몸에 묻게 된다.

셋, 타인의 인생에 개입하지 않는다.

비록 내 앞에서 내뱉었다 하더라도 상처를 주는 말은 내 소유가 아니라 그 사람 것이다. 타인의 인생에 개입하려 들지 말고 무시해 버려라. 다시 주워서 삼키든 말든.

넷, 항상 행복한 감정을 선택하는 습관을 기른다.

누가 던진 말로 인해 마음에 상처를 입는 까닭은 내가 수많은 감정 중에서 불행한 감정을 선택했기 때문이다. 항상 나를 행복하게 만들어 주는 감정을 선택한다.

다섯, 가까운 미래에 해야 할 중요한 일을 생각한다.

뇌는 휴식을 취할 때면 무료함을 잊기 위해 불쾌한 감정을 불러낸다. 그럴 때마다 가까운 미래에 해야 할, 혹은 하고 싶은 일을 불러내서 계속 생각한다.

다르다는 것은
장벽이 아니라
소통의 시발점이다

　유라는 화장품회사 홍보팀에 입사했는데 2년 만에 영업팀으로 발령이 났다. 원했던 이동은 아니었지만 유라는 잘해 보자고 새롭게 각오를 다졌다. 그러나 의욕과는 달리 6개월이 지났음에도 여전히 적응을 못해서 헤매고 있었고, 팀에 융화되지 못한 채 혼자서 겉돌고 있다는 느낌마저 들었다.

　그 이유를 유라는 팀장에게서 찾았다. 홍보팀장과는 친남매처럼 서로 잘 통했다. 눈만 마주쳐도 유라가 무슨 일 때문에 곤란을 겪고 있는지 알아채고는 문제를 해결할 수 있는 결정적 팁을 주었다.

반면 영업팀장은 무뚝뚝한 남자였다. 잡담은 일체 하지 않았고, 회의를 해도 시간을 정해 놓고 꼭 해야 할 말만 골라서 했다. 유라가 지사 관리가 서툴러서 애를 먹고 있어도 모른 체했고, 영업 노하우도 일체 알려 주지 않았다. 그러면서도 목표 성과를 달성하지 못하면 온갖 훈계를 늘어놓았다.

그러던 중 월초가 되었고 마케팅 전략회의가 열렸다. 유라는 잘 해 보겠다는 욕심에 '옥외 마케팅'을 제안했다. 팀원들의 표정은 싸늘했지만 팀장은 망설이다 고개를 끄덕였다. 뭔가를 하기는 해야겠는데 특출난 전략이 없기 때문에 마지못해 승낙하는 분위기였다.

회의실을 나서자 팀원들이 유라의 뒤통수에다 대고 투덜거렸다.

"엄동설한에 무슨 옥외 마케팅이야?"

"올 초에도 했다가 별다른 성과도 없이 개고생만 했구먼!"

유라는 팀원들의 반응에 눈물이 핑 돌았다.

'잘해 보려는데……. 왜 내 마음을 아무도 몰라주지?'

• •

어둠 속에서 환한 곳을 바라보다가 가족이나 친구가 지나갈 때 손을 흔들어본 경험이 한 번쯤은 있으리라. 내가 보이기 때문에 저쪽에서도 나를 볼 수 있다고 순간적으로 착각했기 때문에 빚어진 현상이다. 이처럼 사람들은 자기 위주로 생각하는 경향이 있다.

  소통의 부재는 이와 같은 착각에서 비롯된다. 내 마음을 나는 잘 알고 있으니까, 상대방 또한 내가 말하지 않아도 내 마음을 알 거라고 착각한다. 그러나 인간은 말하지 않으면 절대로 모른다.

  '이 정도면 충분히 알겠지.' 하고 암시를 주거나 돌려서 말해도 모르는 경우가 태반이다. 고정관념이나 편견에 사로잡혀서 자의적으로 해석하기 때문이다. 또한 인간의 뇌는 처리해야 할 정보의 양이 많아지면, 가능한 작은 정보만을 처리하기 위해서 나와 관련된 정보가 아니거나, 중요하지 않다고 생각하는 정보는 곧바로 흘려버리는 경향이 있기 때문이다.

  소통의 부재가 낳는 비극 중의 하나는 이혼이다. 이혼 사유 중에서 가장 높은 비율을 차지하는 '성격 차이'는 소통 부재를 의미한다. '우리는 같은 말을 사용함에도 불구하고 대화가 안 되니 더 이상 살 수 없다.'는 일종의 포기 선언이다.

  유전자가 다르고, 살아온 환경이 다르다 보니 성격도 다른 게 지극히 정상이다. 결혼생활이란 이 차이를 인정하면서부터 시작되어야 한다. 사건을 해석하거나 사물을 보는 관점이 다를 수도 있다는 사실을 인정하지 않고, 나의 관점만 고집하다 보면 다툼이 잦아진다. 결혼에 대한 마음속의 이미지와 현실의 결혼이 불일치하다 보니 스트레스를 받게 되고, 이렇게 살 바에는 차라리 속 편하게 혼자 살겠다는 결론에 이르게 된다.

미국의 존 그레이 박사는 1992년 『화성에서 온 남자 금성에서 온 여자』라는 흥미로운 책을 출간했다. 남자와 여자는 각기 다른 별에서 왔다고 할 수 있을 정도로 언어와 사고방식이 다르므로, 서로의 차이를 존중하며 살아야 한다는 메시지를 담고 있다. 이 책은 전 세계적으로 선풍적인 인기를 끌었고, 한국에도 2000년에 출간되어 꾸준하게 독자들의 사랑을 받아오고 있다.

남녀 차이를 집중 조명해서 다룬 책을 읽고 나면 남녀 간에 거대한 벽이 있는 것처럼 느껴지지만 실상은 그렇지도 않다. 남자와 여자의 유전자 코드는 99% 이상이 같다. 차이점이라고 해 봤자 고작 1% 미만이다.

런던칼리지 세미르 제키 박사 팀의 연구 결과에 따르면, 사랑을 표현하는 방식이나 행동에는 차이가 있어도 사랑에 빠진 사람들의 뇌가 활성화되는 부위는 똑같았다. 사랑하는 사람의 사진을 볼 때 대뇌 피질 부위에서 행복감과 관련된 도파민이 분비되었고, 도파민이 활성화되면서 사랑의 호르몬인 옥시토신과 신경전달물질인 세로토닌이 분비되었다.

남녀 차이는 극복 의지에 달려 있다. 차이를 극복할 수 있는 유일한 방법은 서로에 대한 관심과 허심탄회한 대화뿐이다. 동성끼리는 서로에 대해서 잘 알 것 같지만 그건 어디까지나 착각이다. 관심과 대화가 없다면 절대로 상대를 알 수 없다.

인간은 자신의 취향이나 느낌, 세계관이 합리적이며 보편적이라고 생각한다. 그래서 대화로 서로의 생각을 확인하지 않고 지레짐작하다 보면 오해가 싹틀 수밖에 없다.

유라는 영업팀에 와서 소통이 안 된다는 사실만 느끼고 있지, 자신에게 문제가 있다는 사실은 느끼지 못하고 있다. 막연하게 '잘해 봐야지.' 하는 생각은 업무에 별다른 도움이 되지 않는다. 그보다는 '영업팀에서 융화되기 위해서는 무엇을 어떻게 해야 할까?' 하고 의문을 품은 뒤, 구체적인 방법을 찾았어야 했다.

먼저 팀장이 어떤 유형의 리더인가부터 파악할 필요가 있다. 그래야 팀의 전체적인 분위기와 업무 방식을 알 수 있고, 해야 할 행동과 하지 말아야 할 행동을 찾아내서 팀에 자연스럽게 융화될 수 있다.

홍보팀장은 코치형 리더로서 여성적인 성향의 리더라 할 수 있다. 여성은 동굴에서 주로 생활했기 때문에 주변 사람의 감정 변화에 민감하다. 팀원들에게 항상 관심을 갖고 있으며 간섭하기를 좋아하고, 대화 자체를 즐긴다. 리더의 자상한 특성에다 신입사원이니 잘 가르쳐 줘야 한다는 보편적 인식까지 더해져, 특별한 관심을 가졌을 것은 자명한 일이다.

그에 반해 영업팀장은 권위주의형 리더로서 남성적인 성향의 리더이다. 남성은 무리 지어 사냥을 했기 때문에 과정보다는 결과를 중시 여긴다. 자신감이 넘치고 자기주장이 확고한 반면, 타인의 의견에는 귀를 잘 기울이지 않는 단점이 있다. 도움을 요청하지 않으면 자발적으로 나서서 가르쳐 주지 않는다. 비록 유라가 팀을 옮기기는 했어도 입사 3년차이니, 어지간한 일쯤은 척척 알아서 할 거라는 보편적 인식까지 더해져, 한층 더 무관심하게 대했으리라.

조직이 발전하기 위해서는 원활한 의사소통은 기본이다. 그래야만 동기를 부여하고, 정보를 공유하고, 정확한 지침을 전달하고, 좋은 아이디어를 찾아내고, 각종 문제를 해결하고, 성과를 높일 수 있다.

소통이 안 된다는 것은 개인적으로는 관계의 위기임과 동시에 조직의 위기이다. 100년 기업인 GM(General Motors)의 굴욕 역시 소통 부재에서 그 원인을 찾을 수 있다. 조직원 간의 의사소통이 원활하지 못하면 리더나 노조가 부패하기 마련이고, 결국은 동맥경화에 걸리게 된다. GM이 아무리 헤라클레스 같은 힘을 지녔다 하더라도 동맥경화에 걸리면 힘을 쓰지 못하고 쓰러질 수밖에 없다.

"기업 경영의 과거형은 관리이고, 현재형은 소통이고, 미래형 역시 소통이다."라고 했던 마쓰시타 고노스케의 예언은 여전히 유효하다.

아무도 내 마음을 몰라준다며 투덜거리고 있을 시간이 없다. 어떤 식으로든 막혀 있는 혈관을 뚫어야 한다. 그래야만 개인은 성장하고, 조직은 앞으로 나아갈 수 있다.

연습 2
효과적인 의사소통술

하나, 생각하고 있는 바를 간략하고 정확하게 전달한다.
언어적인 소통에는 말과 문서가 있다. 의견을 말할 때는 장황하게 하기보다 요점만을 정확하게 말하고, 특히 문서는 오해의 소지가 크므로 핵심적인 내용만을 작성해야 한다.

둘, 표정과 몸짓 같은 비언어적인 방법을 동원한다.
연구 결과, 의사소통시 언어적인 방법에 의해서 전달되는 메시지는 7%에 불과하다. 55%는 얼굴표정과 육체언어에 의해서, 38%는 음성의 변화와 강약에 의해서 전달된다.

셋, 적극적으로 경청한다.
적극적인 경청은 서로에 대한 이해를 높여 주고, 대화의 질을 높여 준다. 진지하게 경청하다 보면 좋은 아이디어가 떠올라서 효과적으로 의사소통할 수 있다.

넷, 공감한다.
공감하지 못하면 대화가 물과 기름처럼 겉돌게 된다. 상대방의 입장에서 상황을 보고, 긍정의 의미로 고개를 끄덕이거나 맞장구를 치면, 한결 마음의 교류가 쉬워진다.

다섯, 생각을 정확히 이해하고 있는지 확인한다.
상대방의 이야기가 길어지면 요약해서 되물어보고, 내가 말하는데 이야기가 길어지거나 화제가 엉뚱한 데로 빠지면, 요점만을 정리해서 결론을 내린다.

여섯, 양보하고 절충한다.
나의 입장만 고집할 게 아니라 때로는 양보할 줄도 알고, 절충할 줄도 알아야 한다. 초지일관 밀어붙이기만 한다면 그것은 소통이 아니라 관철이다.

인간적인 매력은
완벽함이 아니라
부족함에서 나온다

팀원들끼리 1박 2일로 설악산에 다녀왔다는 사실을 황 대리가 안 것은 열흘이 지나서였다. 점심을 먹고 사무실로 돌아와 보니 신입사원의 모니터에 산 정상에서 찍은 단체 사진이 떠 있었다. 자신만 빼고 팀장 이하 모든 팀원들이 참가한 산행이었다. 외부인은 끼어들기 좋아하는 총무과의 나 대리가 유일했다.

황 대리는 기가 막혔다.

"아니, 어떻게 나만 쏙 빼고……."

그러자 신입사원은 미안해하는 표정도 없이 담담하게 말했다.

"황 대리님은 원래 이런 자리 안 좋아하신다면서요?"
"아니, 누가 그래?"
"다들 그러시던데……. 아니에요?"
오히려 의아해하는 신입사원을 보자 더 이상 할 말이 없었다.

황 대리는 나름대로 엘리트 사원이라고 자부해 왔다. 입사 성적도 상위권이었고 업무 실적 또한 상위권이었다. 직원들과도 두루두루 친했다. 아니, 오전까지만 해도 친하다고 혼자 착각했었다. 그 누구하고도 말다툼을 하거나, 튀는 행동을 해서 미움 받을 짓을 하거나, 업무는 물론이고 개인적으로도 사소한 실수조차 저지른 적이 없었다. 괜한 감정싸움으로 번질 새라 정치적인 노선을 드러내지도 않았고, 편 가르기가 싫어서 출신 지역이나 학벌에 대해서도 연연해하지 않았다.

그런데 아무리 팀 전체 산행이 아닌 자발적인 산행이었다고 해도, 함께 가지 않겠느냐고 의사조차 물어보지 않을 수가 있단 말인가? 그게 뭐가 어렵다고!

'왜 아무도 날 좋아하지 않는 거지?'

황 대리는 곰곰이 생각해 봤지만 도무지 이유를 알 수 없었다. 한 번도 자신이 왕따를 당할 거라고는 생각해 본 적이 없기에 머릿속은 혼란스럽기만 했다.

쇼펜하우어는 고슴도치에 관한 흥미로운 우화를 남겼다.

어느 겨울날, 날씨가 추워지자 고슴도치들은 몸을 바짝 붙이며 한곳으로 모여들었다. 그러자 날카로운 가시가 몸을 마구 찔러 댔다. 고슴도치들은 '앗 따가워!' 하며 떨어졌고, 시간이 지나 다시 추위가 엄습해 오자 슬금슬금 몸을 붙였다. 가시가 찌르면 떨어지고 추우면 붙기를 반복하다가, 그들은 마침내 서로를 찌르지 않고 추위를 견딜 수 있는 최소한의 간격을 찾게 되었다.

심리학에서는 이를 '고슴도치 딜레마(Hedgehog's dilemma)'라고 한다. 나의 사생활을 드러내기는 싫지만 외톨이가 되고 싶지도 않은, 그래서 사람들과 일정한 간격을 유지한 채 살아가고 있는 현대인의 전형적인 모습이라 할 수 있다.

세월이 흐르면서 산업화의 변화로 사회 구조도 바뀌었다. 집단화 사회에서 개인화 사회로, 집단의 행복을 추구하던 사회에서 개인의 행복을 추구하는 사회로 바뀌면서 '사적인 공간(Personal Space)'이란 개념마저 생기게 되었다.

'사적인 공간'은 미국의 문화인류학자인 에드워드 홀이 근접공간학(Proxemics)에서 창안한 개념으로 인간의 최소한의 영역이라 할 수 있다. 심리적으로 자기 것이라고 여기고 있는 공간으로, 크기는 사회와 문화에 따라 다소 차이가 있다. 그러나 대략 1.2미터의 타원형으로 타인이 그 안으로 들어오게 되면 불편 내지는 분노를 느낀다.

현대인들은 '고슴도치 딜레마'에 빠진 채, '사적인 공간'이라는 보호막 안에서 쿨하게 살아가고 있다. 이기적으로 보이기도 하지만 타인의 간섭을 받지 않고 자신의 삶과 일에만 집중할 수 있다는 게 장점이다. 부딪침이 없으니 가시에 찔려 상처 받을 일도 없고, 타인의 문제로 고민할 일도 없다. 겉보기에는 아무 문제없는 편리한 삶처럼 보인다. 그러나 내부를 들여다보면 관계가 단절되어 있다.

과거에는 멀리 떨어진 친구에게 안부를 묻는 편지를 보내면 소식을 듣기까지 며칠을 기다려야 했다. 그러나 지금은 수시로 안부를 물을 수 있다. 하루에 SNS를 통해서 수십 개의 메시지를 주고받고, 수시로 통화를 한다. 마음은 한시도 제자리에 머물지 못하고 부표처럼 통신의 바다 위를 떠돌아다닌다. 그런데 이상하게도 떠도는 시간이 길어지면 길어질수록 외로움은 점점 깊어만 간다. 많은 사람이 나를 알지만 나의 진면목을 아는 사람은 하나도 없고, 친구는 밤하늘의 별처럼 헤아릴 수 없이 많지만 마음을 터놓고 지내는 친구는 한 명도 없기 때문이다.

제대로 된 관계를 형성하려면 '자기노출(Self-Disclosure)'은 필수이다. 친구나 직장 동료하고 만나서 매일같이 날씨나 자연에 관한 이야기만 한다면 관광지에서 처음 만난 사람과 무엇이 다른가? '너는 너이고, '나는 나'이니까 사적인 문제는 전적으로 개인이 알아서 처리해야 할 몫이라고 단정 지어 버리면 관계는 단절될 수밖에 없다.

함께 생활하는 사람이라면 마음의 문을 열고 나의 취미나 꿈, 가족 관계, 경험, 고민 같은 것 등을 털어놓아야 한다. 인간에게는 타인의 기쁨과 슬픔을 공유할 수 있는 능력이 있다. 영화를 보다가 주인공에게 기쁜 일이 생기면 따라 웃고, 슬픔을 느낄 때면 함께 눈물을 흘리는 이유도 그 때문이다.

사적인 문제라도 털어놓게 되면 공감대가 형성되고, 동지 의식이 싹트고, 신뢰감이 쌓인다. 오쇼 라즈니쉬는 "누군가와 서로 공감할 때, 사람과 사람 사이는 한층 깊어져 간다."고 말했다.

팀원들이 황 대리를 따돌린 것은 지나치게 쿨하기 때문이다. 직장이라는 곳은 계층과 연령, 개성이 각기 다른 사람들이 모여서 공동의 목표를 추구하는 곳이다. 공동의 목표가 우선이므로 직장 예절만 적당히 지키면 된다고 오해하는 청춘들이 점점 늘어나고 있다.

직장은 인생에서 가장 많은 시간을 보내는 곳이다. 인간적인 유대가 없는 직장은 사막처럼 삭막하다. 형제애만큼이나 중요한 게 동지애이다. 정서적으로 교류하고, 체험을 공유하고, 서로의 삶을 공감하고, 현실적인 어려움을 함께 나눌 때 동지의식은 돈독해진다. 회식자리나 함께 밥을 먹는 자리에서는 '사적인 공간'에 대한 경계가 느슨해지기 마련이다. 친해지고 싶다면 이럴 때 슬쩍 비밀이나 개인적인 고민 등을 털어놓는 게 좋다.

 만약 동료가 먼저 자기노출을 하는 경우, 무표정한 얼굴로 앉아 있지만 말고 말이나 표정, 몸짓 등으로 공감하고 있음을 표시해야 한다. 그래야만 '나와 너'가 아닌 '우리'가 되고, 동지애가 싹튼다.

 인간적인 매력이란 완벽함에 있는 게 아니라 부족함에 있다. 콤플렉스나 약점을 드러내면 나를 싫어하거나 얕잡아보지 않을까 걱정하는 사람도 있는데 사실은 그 반대이다. 특히 높은 자리에 있거나 똑똑한 사람일수록 '자기노출'이 필요하다. 적절한 자기노출은 경계심이나 적대감, 시기심은 낮춰 주고 친밀도는 높여 준다.

연습 3

인기 있는 사람이 되는 비결

하나, 웃으며 인사하기

인사는 사회생활의 기본예절이요, 동지애의 발로이다. 특히 직장에서 인기를 얻으려면 동지애는 필수이다. 나만 힘들고 나만 스트레스 받는 게 아니다. 기분이 처지고 가라앉을수록 내가 먼저 환하게 웃으며 인사를 건네면, 격려가 되고 힘이 되어서 다시 내게 돌아온다.

둘, 관심 갖고 배려해 주기

사람들은 저마다 장단점을 갖고 있다. 나는 좋아하는 일을 다른 사람은 싫어할 수도 있고, 나는 간단히 끝낼 수 있는 일인데 다른 사람은 온종일 헤매기도 한다. 하찮은 일이라도 관심을 갖고 도와주면, 인기에다 돈으로도 살 수 없는 기쁨까지 덤으로 얻게 된다.

셋, 작은 실수는 눈감아 주기

실수를 저질렀을 때 가장 당황스럽고 스트레스 받을 사람은 당사자이다. 말실수를 했거나 업무상 작은 실수를 저질렀다 하더라도 모른 척 눈감아 주면, 그 자리에서 지적하는 것보다 더 좋은 결과를 낳는다. 난처한 상황에서 도와주는 게 진정한 우정이요, 동료애이다.

넷, 성실한 모습 보여주기

성실한 사람은 많은 말을 필요로 하지 않는다. 그 모습만으로도 신뢰가 가고 든든하기 때문이다. 특히 직장인이라면 성실한 업무 태도는 필수이다. 팀의 사기를 높이고, 동료에게 자극을 줘서 나의 위상을 높임과 동시에 회사를 살릴 수 있기 때문이다.

다섯, 분위기 메이커 되기

친구나 동료가 억울한 일을 당했을 때, 누군가에게 혼나서 풀이 죽어 있을 때, 개인적인 불행으로 몹시 힘들어 할 때 약간의 시간만 할애하면 기분을 바꿔 줄 수 있다. 이야기를 들어 주고, 격려해 주고, 공감해 주다 보면 없어서는 안 될 소중한 사람이 된다.

분노는 위험한 감정이 아니라 해소해야 할 감정이다

●

"아니, 무슨 일을 이따위로 하는 거야?"

최 과장의 말에 순간, 뱃속에서 뜨거운 것이 치밀어 올랐다. 현성은 고개를 들고 최 과장을 노려보았다. 시선이 허공에서 얽혔고, 최 과장이 눈을 부릅떴다. '어디서 이놈이 감히…….' 하는 소리가 들려오는 듯했다. 현성은 슬며시 고개를 떨어뜨렸다.

그 일을 처음 기획한 것은 현성이었다. 그런데 중간에 최 과장이 아이디어를 가로채 가서는 한두 문장만 살짝 바꾼 뒤 부장에게 기획안을 올렸다. 그때도 화가 났지만 한두 번 당한 일도 아니고 해서 그러려니 하고 넘어갔다.

한창 일을 추진하던 최 과장은 예상치 못했던 장벽에 부딪히자 현성에게 부랴부랴 일을 떠넘겼다. 현성은 어떻게든 해결해 보려고 정신없이 뛰어다녔으나 결국 우려했던 일이 터지고야 말았다. 그러자 최 과장은 시치미 뚝 떼고 현성에게 모든 책임을 떠넘기려 하고 있었다.

최 과장이 단호하게 말했다.

"시말서 써!"

"시말서요?"

현성은 잘못 들은 게 아닌가 싶어서 고개를 번쩍 치켜들었다.

"일이 잘못 됐으면 누군가 책임을 져야지. 퇴근 전까지 써 갖고 와!"

순간, 눈앞이 깜깜해졌다. 대리 승진을 눈앞에 두고 있었다. 인사과에서 흘러나온 정보에 따르면 별다른 일만 없다면 승진이 확실하다고 했다. 그런데 지금 시점에서의 시말서는 인사고과에 치명적일 게 분명했다.

얼굴이 벌겋게 달아오른 현성은 사무실을 나섰다. 복도 창문을 열자 찬바람이 얼굴을 때렸다. 그러나 머리끝까지 차오른 분노는 조금도 가라앉지 않았다. 온갖 망상이 떠올랐다가 가라앉기를 반복했다. 현성은 어금니를 꽉 깨물며 두 주먹을 불끈 말아 쥐었다.

'도대체 얼마나 참고 살아야 하는 거야?'

· ·

'화'는 기대감 때문에 발생한다. 어떤 행동에 대한 결말이 기대와 어긋날 때, 불안감을 해소하기 위한 하나의 방편이다.

예를 들어서 친구에게 돈을 빌려 주면서 '일주일 안에 꼭 갚겠다고 했으니까 그 안에는 갚겠지.'라고 예상했는데 일주일이 지나도 갚지 않으면 화가 치민다. 그러나 만약에 '일주일 안에 갚는다고 했으니까 한 달 안에는 갚겠지.'라고 생각했다면 일주일 뒤에 갚지 않아도 화가 나지 않는다.

따라서 화는 성격이 급한 사람이나 기준의 잣대가 엄격한 사람이 자주 낸다. 또한, 무슨 일이 생기면 '남 탓하는 사람'이 자주 화를 낸다. 타인에게 원망을 쏟아부음으로써 자신의 잘못이나 책임을 회피하기 위함이다. 이런 사람은 자기반성이 부족하기 때문에 발전을 기대하기 힘들다.

직장이란 곳은 공동의 이익을 추구한다는 명분 아래서 각기 다른 개성을 지닌 사람들이 함께 생활하는 공간이다. 같은 시간과 같은 공간에서 함께 지내다 보면 의견 충돌도 일어나고, 자존심이 상하는 일도 빈번하게 일어난다.

온라인 취업포털 사이트에서 1,434명을 대상으로 '직장에서 욱하고 화나는 순간이 하루에 얼마나 되는가?'에 대한 설문조사를 실시한 결과(복수 응답 가능), 직장인 한 명당 하루 평균 3.4회 정도 화가 난다고 대답했다. 화를 안 내고 하루를 보내는 사람은 5.3%에 불과했고, 94.7%가 하루에 한 번 이상 화가 나는 순간이 있다고 대답했다.

화가 났을 때의 대응 방법으로는 '아무렇지 않은 척 행동한다.'(64.6%), '그 자리를 피한다.'(28.5%), '도리어 웃으며 기분 좋은 척한다.'(11.9%) 순으로, 자신의 감정을 직접적으로 드러내지 않는 것으로 나타났다.

그렇다면 감정을 드러내지 않는 게 최선일까?

오랜 세월 동안 인간의 삶을 추적하는 「성인발달연구」로 유명한 하버드 의대 조지 베일런트 교수가 이끄는 연구팀은 44년 넘게 824명을 추적 연구한 끝에, '화를 잘 내는 직장인이 승진을 빨리한다.'는 결론을 내렸다. 직장 내에서 실망과 좌절감을 억누른 사람들은 보이지 않는 승진 장벽에 부딪혀 진급하지 못할 가능성이 3배나 높은 것으로 나타났다.

베일런트 교수는 이렇게 말한다.

"사람들은 분노를 무척 위험한 감정으로 생각해서 '긍정적인 사고'를 연습하도록 자신을 부추기는 경향이 있다. 그러나 이러한 접근 방식은 자기기만이며 결국에는 끔찍한 현실을 거부함으로써 손해를 입게 된다."

　심리학은 학자들의 전유물에서 벗어나 일반 대중에게 널리 퍼져 나가고 있는 추세이다. 그중에서도 긍정 심리학은 사회 전반에 영향을 미치고 있다. 그러나 심리학자 중에는 인간의 부정적인 감정을 적극적으로 옹호하는 이들도 적지 않다. 그것 또한 인간의 생존에 도움이 되었기 때문에 진화 과정에서 살아남았다는 논리이다.

　특히 공포나 분노와 같은 감정은 생존을 위해서 필요할 때가 있다. 공포를 지니고 있기에 우리는 각종 위험으로부터 자신을 지킬 수 있고, 분노함으로써 더 큰 재앙을 사전에 막을 수 있기 때문이다.

　베일런트 교수를 비롯한 많은 심리학 전문가들은 화가 날 때는 참지 말고 화를 내되, 세련되게 화를 낼 것을 주문하고 있다. 그러나 직장에서 화를 발산하기란 이론처럼 쉽지 않다. 직장 분위기가 다르고, 상대방의 성격도 다르고, 나의 성격 또한 다르기 때문에 일반적인 이론보다는 나에게 맞는 방법을 채택하는 게 정신 건강에 이롭다. '이제부터 화를 내야 할 상황에서는 나도 화를 내야지!' 하고 굳게 결심했다가, 정작 화를 발산하지 못하게 되면 스트레스만 가중된다.

　화가 나는 상황에서도 감정을 빠르게 추스르는 성격이거나, 한 번도 상대방의 얼굴에다 대고 싫은 소리를 해 본 적이 없는 사람이라면 굳이 화를 낼 필요는 없다. 이런 성격은 자신이 마음먹기에 따라서 강점이 될 수 있다. 무리해서 바꾸려 했다가는 무차별적인 스트레스

폭격을 받게 된다.

그러나 화는 내고 싶은데 세련되게 화를 내는 방법을 모른다면 현성의 사례를 예로 들어서 생각해 보자.

일단, 화가 나면 감정이 앞서기 때문에 이성을 찾을 만큼의 시간적인 여유를 갖는 게 좋다. 화가 나면 그 자리에서 감정을 폭발시키고 싶은 건 생리적 반응이다. 마치 야수들이 먹이나 영역을 지키기 위해서 포효하듯이. 그렇게 하면 속은 시원할지 모르겠지만 더 큰 불행을 각오해야만 한다.

세련되게 화를 낸다는 것은 '결말이 기대와 어긋날 때 느끼는 불안감'을 현명하게 해소하기 위함이다. 결말을 바꾸어서 기대치와 부합시키든지, 기대치를 낮춰서 결말과 부합시키든지, 적정선에서 타협을 하든지 하게 되면 불안감은 해소된다.

현성의 경우, 감정이 가라앉으면 최 과장을 찾아가서 대화를 요청하는 게 좋다. 단, 장소는 공개된 장소가 아니어야 한다. 사무실처럼 공개된 장소에서 화를 내면 최 과장은 다른 사람들의 시선도 있고 해서, 권위에 대한 도전으로 받아들여 도리어 불같이 화를 낼 가능성이 높다.

대화를 나눌 때는 차분한 목소리로 말하되, "최 과장님, 저 지금 무척 화가 나요."라고 분명하게 감정 표현을 해야 한다. 최 과장이 화가 나는 이유를 물어오면, 그 이유를 핵심만 정리해서 분명하게 전달한다.

여기서 중요한 포인트는 '핵심 정리'이다. 이야기를 하다 보면 감정이 복받쳐 중구난방이 되기 싶고, 과거의 억울했던 일까지 모조리 쏟아붓고 싶어지고, 인신공격을 하고 싶은 유혹에 시달리게 된다.

그래서 주어는 '최 과장'이 아닌 '나'가 되어야 한다. 인간은 타인에 대한 이야기는 객관적으로 듣지만 자신에 대한 이야기가 나오면 주관적으로 해석하는 경향이 있다. 현성이 '최 과장'을 들먹거리다 보면, 최 과장은 잘못된 결말을 바로잡기 위함이 아니라 자신에 대한 공격으로 받아들인다.

내가 화나는 이유를 모두 털어놓았으면 이번에는 마음을 열고 최 과장의 답변을 진지하게 경청해야 한다. 왜냐하면 내가 알지 못하는 속사정이 감춰져 있을 수도 있고, 오해 가능성도 있기 때문이다. 그런데 많은 사람들이 경청은 하지 않고 자기감정에 취해서, '내 생각이 옳아!' 하고 자기 최면을 걸다가, 결국 화만 더 키우고 돌아선다.

대화가 끝나고 자리에서 일어설 때는 어떤 식으로든 화를 더 이상 마음에 담아두지 말아야 한다. 대화가 진척이 없고 평행선을 달릴 경우에는 타협점을 찾는 게 좋다. 갈등이 증폭된 상태에서 돌아서게 되면 관계의 단절로 이어질 수 있다.

사실 세련되게 화를 낸다는 것은 외나무다리를 건너듯 위태로운 일이다. 화를 안내고 살면 좋지만 살다 보면 외나무다리를 건너야 하듯, 화를 내야 할 상황에 부딪히게 된다. 그때는 화를 내되, 벤저민 프랭클린의 말을 기억하라.

"대화의 주된 목적은 가르치는 것, 배우는 것, 즐기게 하는 것 등이다. 사람을 불쾌하게 하거나 반발을 일으키게 한다면 본래의 목적은 사라지고 만다."

연습 4
현명하게 화내는 기술

하나, 감정을 가라앉힌다.

순간적으로 솟구치는 화를 모두 외부로 발산하며 살 수는 없다. 화를 내지 않고 묻어둘 경우, 가슴속에 멍울이 되어 맺힐 것 같다면 일단 감정을 가라앉혀라.

둘, 대화하기에 적절한 장소를 선정한다.

인간의 감정은 장소와 분위기에 따라서 수시로 변한다. 내가 편한 장소를 고르기보다는, 상대방이 마음을 열고 허심탄회하게 대화할 수 있는 장소를 선정하는 게 좋다.

셋, 내가 화가 나 있는 상태라는 걸 일단 알린다.

내 감정을 상대방이 공감할 수 있어야만 대화가 가능하다. '나, 지금 화났어!'라고 정확하게 인식시켜 줘야만 상대방도 마음의 준비를 하게 된다.

넷, 화가 난 이유를 핵심만 정리해서 설명한다.

문제를 정확히 제시해야만 어떤 식으로든 답을 낼 수 있다. 감정적인 분풀이, 인신공격, 이번 일과 관련 없는 이야기는 꺼내지 말고, 객관적으로 상황을 볼 수 있게끔 설명한다.

다섯, 마음을 열고 상대방의 답변을 경청한다.

인간은 자기 위주로 생각하고 판단하는 경향이 있다. 내가 생각지 못한 상대방의 입장이나 숨겨진 진실이 있을 수도 있으니 진지하게 경청한다.

여섯, 화는 그 자리에서 털어 버린다.

대화가 진척 없이 평행선을 달릴 때는 상대방과든, 나 혼자만의 생각이든 간에 타협점을 찾아야 한다. 갈등이 증폭된 상태에서 돌아서게 되면 관계의 단절로 이어질 수 있다.

배신은 당하는 것이 아니라
초래하는 것이다

아연과 지선은 지방에서 함께 자란 오랜 친구이다. 그들은 대학교 2학년 때부터 함께 자취를 했는데, 집안 형편이 그마나 나은 아연이 생활비의 대부분을 부담했다.

대학을 졸업하고 아연은 대기업에 취직했고, 지선은 아르바이트를 하면서 취업 재수를 하고 있었다.

"이 옷 좀 하루만 빌려 줄래?"

지선은 면접이나 중요한 자리에 갈 때면 아연에게 옷과 핸드백, 구두 등을 빌렸다. 산 지 얼마 안 된 거라 아깝기는 했지만 둘도 없는 절

친한 친구의 부탁이라 아연은 흔쾌히 빌려 줬다. 어떤 날은 잘 갔다 오라며 용돈을 쥐어주기까지 했다.

"지선이 결혼한다며? 아니, 함께 살면서도 몰랐어?"

아연이 지선의 결혼 소식을 들은 것은 모처럼 만난 대학 동창을 통해서였다. 더욱더 놀라운 사실은 상대가 자신이 오랫동안 교제해 왔던 학과 선배인 준호라는 사실이었다.

'아니, 어떻게 그럴 수 있어? 그럼 그동안 면접 보러 간다면서 내 옷과 핸드백을 걸치고, 내 구두를 신고서 몰래 준호 선배를 만났던 거야?'

아연은 참기 힘든 배신감에 몸을 부르르 떨었다. 갑자기 세상이 너무도 무섭게만 느껴졌다.

● ●

인류의 역사는 배신의 역사라고 해도 과언이 아니다. 아담은 하느님의 믿음을 배신하고 선악과를 훔쳐 먹었고, 자식인 카인은 시기와 질투에 눈이 멀어 형제인 아벨을 죽였다. 또한 데바닷타는 교단을 물려받기 위해 스승인 부처를 죽이려고 여러 차례 암살을 기도했다.

배신은 영화나 소설 속의 이야기가 아니다. 우리의 현실 속에서 수시로 모습을 드러낸다. 연인의 배신, 친구의 배신, 동업자의 배신, 거래처의 배신, 가족이나 친인척의 배신 등등. 배신의 역사는 지금 이 시간에도 계속해서 쓰이고 있다.

아름다워야 할 대인 관계에서 배신이 성행하는 이유는 무엇일까?

대인 관계의 기본이 다름 아닌 신뢰이기 때문이다. 신뢰란 '타인이 나의 기대치에 어긋나지 않게 행동할 것이라고 믿고 있는 주관적인 심리상태'이다. 이러한 심리가 갑작스레 깨어질 때 느끼는 감정이 바로 배신감이다.

기대치와 실제로 벌어진 상황 간의 괴리가 크면 클수록 분노의 게이지는 상승하고, 답답한 나머지 이렇게 분통을 터트린다.

"네가 어떻게 나한테 그럴 수 있어?"

그렇다면 배신자는 원래 그렇게 타고나는 걸까?

과학자들의 연구 결과에 따르면 배신은 인간이 지닌 속성 중의 하나이다. 배신은 음습하기도 하고 때로는 혐오스럽기까지 하다. 그럼에도 불구하고 진화 과정에서 살아남은 까닭은 인간 자체가 자신의 이익을 먼저 추구하는 이기적인 동물이기 때문이다.

『이솝우화』에 인간의 이기적인 심리를 엿볼 수 있는 흥미로운 이야기들이 나온다. 먼저 「사자와 돌고래」부터 살펴보자.

> 바닷가를 거닐던 사자는 돌고래가 수면 위로 솟구치는 모습을 발견했다. 돌고래의 모습에 반한 사자는 이렇게 말했다.
> "육지에서는 내가 왕이고, 바다에서는 당신이 왕이니 친구가 되

어서 서로 돕는 게 어떻겠는가?"

사자의 제안을 돌고래는 흔쾌히 받아들였다.

그로부터 얼마 뒤, 사자는 오랜 숙적이었던 들소와 한바탕 붙었다. 혼자 힘으로 제압하는 데 실패하자 돌고래에게 달려와 도움을 요청했다. 돌고래는 도와주고 싶지만 뭍으로 올라갈 수가 없었다.

그러자 사자는 돌고래를 배신자라고 비난했다. 돌고래는 이렇게 대답했다.

"친구여, 나를 탓하지 마오. 대자연은 나를 바다의 왕으로 삼았지만, 뭍에서 살 능력은 주지 않았다오."

우리는 사자처럼 상대방의 입장은 전혀 헤아리지 않고, 자신의 입장에서만 생각한 뒤 배신당했다고 분노한다. 그래서 배신은 연륜이 깊은 노인보다는 생각이 짧은 젊은이가 많이 당한다. 나는 내 마음을 속속들이 아는 반면, 상대방의 마음은 전혀 모르는 채 겉으로 드러난 현상만 보고서 판단하기 때문이다.

사자와 돌고래가 육지와 바다라는 각기 다른 장소에 사는 것처럼, 같은 인간이라도 세계관도 다르고 성격이 판이하게 다른 사람들이 있다. 이런 사람들이 관계를 맺었을 때, 커뮤니케이션이 원활하게 이루어지지 않으면 배신당했다고 단정 짓기 쉽다.

신뢰란 나의 주관적인 심리 상태에 전적으로 의존하고 있다는 사실을 명심할 필요가 있다. 신뢰가 깨어졌다고 해서 무작정 분노하기보다는 상대방을 찾아가서 속사정을 들어보고, 생각의 차이를 확인하는 지혜가 필요하다.

사례로 든 아연과 지선의 경우도 마찬가지이다. 아연의 입장에서 보면 분개할 수밖에 없지만 지선의 입장에서 보면 이해할 수 없는 상황은 아니었다.

내가 만나 본 두 사람은 성격부터가 판이했다. 아연은 목에 칼이 들어와도 할 말은 하고야 마는 성격이었고, 지선은 개인적으로 억울한 일을 당해도 밖으로 표현하기보다는 속이로 삭이고 마는 성격이었다.

"물론 아연이에게 경제적인 도움을 받은 건 사실이에요. 제가 왜 그걸 모르겠어요? 그래서 저도 나름대로 최선을 다했어요. 밥하고 청소하고, 빨래하는 건 물론이고 잔심부름까지 도맡아 했어요. 싱크대가 샜을 때는 철물점에서 파이프를 사다 직접 교체했고, 변기가 막혔을 때는 용기를 내서 직접 뚫기까지 했어요. 그까짓 게 몇 푼이나 한다고 여자 몸으로 그런 걸 했느냐고요? 그건 선생님이 생활비를 조금이라도 줄이기 위해서 몸부림치며 살아온 저의 지난날을 모르기 때문에 하시는 말씀이에요. 준호 선배와의 관계도 그래요. 아연이는 하이에나 같은 면이 있어요. 비난하려고 한 말은 아니고, 남자들에게 둘러싸여서 생활하는 걸 좋아한다는 의미예요. 주변에 괜찮은 남자가 있으면 일단 유혹해요. 그러다가 그가 마음을 주면 슬쩍 다른 남자에게 시선을 돌리죠. 만약 두 사람의 관계가 계속 이어져 왔다면 제가 어떻게 준호 선배의 프러포즈를 받아들이겠어요? 제가 그동안 준호 선배와의 관계를 감춘 것도 아연이 성격을 너무 잘 알기 때문이에요. 아연인 자기 주변의 남자들은 오로지 자기만을 사랑해야지 다른 여자와 만나는 건 눈뜨고 못 봐요. 대학 다닐 때도 그런 적이 있었는데 아연이 둘 사이에 뛰어들어서 기어이 찢어놓고야 말았죠!"

두 사람은 오랜 친구임에도 불구하고 사이에 벽을 두고 있었다. 우정을 계속 유지하기 위해서는 마음의 장벽을 허물고 허심탄회하게 대화를 나눌 필요가 있었다. 내 입장만 고집할 게 아니라, 상대의 입장도 조금씩 헤아려 가면서.

그럼 이번에는 「당나귀와 여우와 사자」의 이야기를 살펴보자.

당나귀와 여우는 친구가 되어서, 세상을 떠나는 그날까지 기쁨과 슬픔을 함께 하기로 굳게 맹세했다. 어느 날, 그들은 들판으로 먹잇감을 찾아 떠났다. 한참 가다가 풀숲에 숨어 있던 사자와 마주쳤다. 생명의 위협을 느낀 여우는 당나귀에게 이렇게 말했다.
"잠깐만 기다려. 내가 사자에게 길을 비켜 달라고 부탁해 볼게."
여우는 사자에게 다가가서는 속삭였다.

"만약 제 목숨을 살려 주겠다고 약속하신다면 당나귀를 잡게 해드리겠습니다."

사자는 제의를 흔쾌히 수락하고는 다시 풀숲으로 몸을 숨겼다. 그러자 여우가 당나귀를 돌아보며 말했다.

"이제, 가자! 어디에 네가 좋아하는 먹이가 있는지 알아냈어."

"정말?"

당나귀는 여우의 뒤를 따라갔고, 결국 함정에 빠지고 말았다. 몇 발짝 뒤에서 몰래 따라오던 사자는 그제야 모습을 드러냈다. 뒤늦게 속은 걸 깨달은 당나귀가 분통을 터뜨렸다.

"어떻게 네가 나한테 그럴 수가 있어?"

"미안!"

여우가 사자를 향해서 돌아서려는 순간, 사자는 여우를 향해 달려들었다. 이제 당나귀는 마음만 먹으면 언제든지 먹을 수 있기 때문이었다.

정상적인 사고를 가진 사람이라면 여우의 배신에 분개해야 마땅하다. 물론 배신의 홍수 속에서 살아가다 보면 무뎌질 수도 있지만 사리분별을 잃지 않았다면 여우의 행동을 비난하리라. 그러나 비난하기 전에, 여우에게 당나귀를 배신한 이유부터 들어 보자.

"난 배신한 게 아니라 어쩔 수 없는 선택을 한 거야! 사자가 달려들면 보나마나 걸음이 빠른 당나귀는 달아나고, 나는 붙잡히겠지. 죽을 게 빤한데 나보고 가만 있으라고? 물론 당나귀가 붙잡힌 나를 구하러 올 가능성도 있어. 하지만 어떻게 하나뿐인 목숨 갖고 그런 도박을 해? 구하러 오지 않을 수도 있고, 구하러 와도 나를 못 구할 수도 있는 건데……."

그렇다면 이번에는 사자에게 여우를 배신한 이유를 들어 보자.

"약속이란 서로가 신뢰할 수 있는 관계에서 성립되는 거잖아. 친구와의 신의를 헌신짝처럼 저버리는 저런 놈하고 무슨 약속을 할 수 있겠어? 나는 여우를 배신한 게 아니고, 당나귀의 복수를 해 준 거라고!"

핑계 없는 무덤은 없다고 했던가. 여우나 사자의 말이 궤변처럼 들리겠지만 인간이 배신을 일삼는 까닭도 이들과 크게 다르지 않다. 결국은 자신의 이익을 챙기기 위함이다.

똑같은 일을 놓고도 손실을 본 자는 부당한 일을 당했다고 분개하고, 이익을 본 자는 정당한 일이라고 합리화한다. 세상에 배신당했다는 사람은 넘치는 반면, 자기가 먼저 배신했노라고 고백하는 사람은 찾아보기 힘든 이유도 바로 이 때문이다.

뇌 과학자들의 최신 연구에 따르면 '옥시토신'이라는 신경전달물질이 배신을 제어하거나 촉진시키는 데 관여한다고 한다. '사랑의 호르몬'이라고도 불리는 옥시토신의 수치가 높아지면 신뢰도가 높아져 관계가 돈독해지는 반면, 수치가 낮아지면 신뢰도가 낮아져 쉽게 배신하게 된다는 이론이다.

옥시토신은 대화할 때, 스킨십을 나눌 때, 호의를 표현할 때, 남녀가 사랑을 나눌 때 왕성하게 분비된다. 가까운 사람에게 배신당하고 싶지 않다면 자주 눈을 보고 대화하고, 자주 스킨십을 나누고, 자주 사랑을 표현할 필요가 있다.

만약 누군가에게 배신을 당했다면 분개하기 전에 「사자와 돌고래」, 「당나귀와 여우와 사자」의 이야기를 다시 한 번 읽어 보라. 각기 다른 동물의 입장에서 생각해 보고, 그래도 용서할 수 없는 배신이라면 충분히 분개하라. 그런 다음 마음에만 담아 두지 말고 가까운 사람에게 털어놓아라. 사람은 사람에게 상처를 주기도 하지만 사람을 치료하기도 한다. 사람에게서 받은 상처는 사람과 함께 대화를 나누며 치유하는 게 좋다.

연습 5
배신의 충격에서 벗어나기

하나, 상대방의 입장에서 생각해 본다.
주관적인 나의 입장에서 벗어나서 배신한 자의 입장에서 생각해 본다. 배신, 그 자체를 용서할 수는 없어도 심정적인 공감이든, 인간적인 동정이든 간에 조금은 이해할 수 있게 된다. 가슴을 꽉 채우고 있는 분노가 조금만 빠져 나가도 숨 돌릴 여유가 생긴다.

둘, 가까운 사람에게 털어놓는다.
배신감을 가슴속에 혼자 품고 있는 것은 정신건강에도 육체건강에도 좋지 않다. 가까운 사람에게 털어놓다 보면 객관적으로 상황을 보게 되고, 세상에 배신을 당한 사람이 나 혼자뿐인 것 같은 편협한 사고로부터 벗어나게 된다.

셋, 기분 전환을 한다.
배신을 당하고 나면 부정적인 에너지가 주변을 에워싸고 있게 마련이다. 환경을 바꿔서 에너지 자체를 교체해 줄 필요가 있다. 책상을 정리하거나, 가구 위치를 바꾸거나, 묵은 빨래를 하거나, 여행을 떠나거나, 새로운 사람을 만나는 게 좋다.

넷, 나 자신을 믿고 신뢰한다.
배신을 당하고 나면 나의 잘못이 아님에도 불구하고 심한 자책감에 빠지게 된다. 자신감을 잃기 쉽고 자존감이 훼손될 수도 있다. 이럴 때일수록 나 자신을 믿고 신뢰해야 한다. 수시로 "괜찮아, 괜찮아!" 하면서 자신을 다독거려 줄 필요가 있다.

다섯, 나 자신을 위해서 용서한다.
용서하는 일은 전적으로 내가 선택할 문제이다. 온 세상이 용서를 한목소리로 부르짖어도 내가 준비가 되어 있지 않으면 용서할 필요가 없다. 그러나 미래를 향해 한 걸음 더 나아가기 위해서라면, 혹은 내 마음의 평화를 위해서라면 기꺼이 미움의 끈을 놓고 용서하라.

이별은 상실이 아니라
새로운 시절을 받아들이는 것이다

:

해영이 6년 남짓 사귀었던 남자 친구와 헤어진 건 1년 전이었다. 착하고 좋은 사람이어서 쉽게 이별의 아픔이 치유되지 않았다. 실연의 상처로 방황하고 있던 해영을 정신 차리게 한 사람은 다름 아닌 아버지였다.

아버지는 영업용 택시운전사였다. 심야에 빠르게 달리던 택시는 고속도로에서 고장이 났고, 뒤차를 다른 쪽 차선으로 유도하던 아버지는 졸음운전을 하던 트럭에 치여 그 자리에서 숨지고 말았다.

유치원 다닐 무렵 어머니가 가출해서 이 세상에 남아 있던 유일한

혈육이었다. 아버지는 행여 해영이 외로워할 새라 놀이동산이나 극장에도 자주 데려갔고, 풀이 죽어 있으면 광대처럼 우스꽝스런 몸짓과 표정으로 기어이 미소를 짓게 만들었다.

아버지가 곁에 없다는 사실을 실감한 것은 장례를 치르고 빈집에 들어섰을 때였다. 손때 묻은 살림도구들을 보니 목소리가 여기저기서 들려왔다. 그러나 어려서부터 늘 그림자처럼 따라다니던 아버지는 찾을 수 없었고, 비로소 당신이 떠났음을 확인할 수 있었다.

사춘기 때는 아버지를 미워하기도 했으나 대학을 다니면서부터는 아버지에게 진심으로 감사했다. 그러나 내향적인 성격이어서 마음을 제대로 표현해 본 적이 없었다. 남자 친구에게는 직장 다니기 전에도 선물을 사 주곤 했다. 그러나 아버지에게는 첫 월급을 타서 달랑 내의 한 벌 선물한 것이 고작이었다.

아버지의 죽음은 해영의 예상보다 훨씬 빨랐다. 잔병도 없고 건강했기에, 다른 부모들이 그러하듯이 결혼해서 아이를 낳아 키우는 과정쯤은 곁에서 지켜봐 주리라 믿었다. 더 늦기 전에 가슴속에 품고만 있던, '아빠, 그동안 훌륭하게 키워줘서 고마워요.'라는 말도 하려 했는데, 이제 그 기회마저 영영 사라져 버렸다고 생각하니 안타까웠다.

유품을 정리하던 해영은 아버지의 옷장 속에서 작은 상자를 발견한 순간, 목이 메었다. 그것은 해영이 아버지에게 주었던 유일한 선물이었다. 그까짓 내의 한 벌이 뭐라고, 신주단지처럼 모셔 놓고 흐

못하게 바라보았을 아버지를 생각하자, 그리움이 왈칵 밀려왔다.

"아빠, 조금만 더 내 곁에 있어 주지······."

• •

살다 보면 어느 날, 소포를 하나 받는다. 포장지에는 발신인은 없고, 수신인의 이름만 덜렁 적혀 있다. 대다수는 아무런 마음의 준비가 안 된 상태에서 갑작스레 받지만, 가끔은 예상하고 있었다는 듯이 담담하게 받기도 한다.

포장지를 벗기면 '죽음'이라는 이름의 상자가 들어 있다. 상자 안에는 그 사람의 생애가 고스란히 담겨 있다. 살아 있을 때는 그 사람의 몫이었지만 이제 그 안의 내용물은 살아남은 자의 몫이다.

인간이라면 누구도 죽음을 피해 갈 수 없다. 죽음은 가까운 사람들에게 커다란 상처를 준다. 그래서 우리는 살아가면서 알게 모르게 이별 연습을 한다. 아침 출근 시간이 되면 대부분의 가정에서 사랑하는 사람과 이별한다. 저녁이 되어 가족이 다시 모이면 아침에 했던 이별이 영원한 이별이 아니었음에 안도하며 마음의 평화를 되찾는다.

만약 가족 중 한 사람이라도 귀가하지 않았다면 마음의 평화는 결코 찾아오지 않는다. 귀가 시간이 늦어질수록 가족들의 마음은 점점 더 초조해지고 불안해진다. 애써 지우려 해도 온갖 불길한 상상이 떠오르는 까닭은 영원한 이별이 현실화될 경우에 밀려올 충격을 다소나마 완화시키기 위함이다.

우리는 가족뿐만 아니라 친구들과 헤어질 때도 '잘 가.', '잘 있어.' 하고 손을 흔들며 이별 연습을 한다. 어렸을 때는 무심코 헤어지지만 나이를 먹으면 그 의미가 점점 더 특별해진다. 특히 노인의 이별은 길고 애절하다. 그만 들어가라고 해도 떠나는 이의 뒷모습이 시야에서 사라질 때까지 배웅한다. 영원한 이별이 멀지 않았음을 알기에, 이렇게나마 넘치는 아쉬움을 한 숟가락씩 덜어 내는 것이다.

등대가 바다 끝에 놓여 있듯, 죽음은 삶의 끝에 놓여 있다. 그래서 등대가 바다를 훤히 비추듯이 죽음은 삶을 훤히 비춘다. 생각해 보라. 삶만 계속 이어진다면 얼마나 무미건조하고 단조롭겠는가. 언제 찾아올지 모르는 죽음이 기다리고 있기에 생명은 활기를 띠고, 비로소 인생의 순간들은 저마다 참다운 의미를 지니며 다가온다.

삶은 유기체들의 끊임없는 운동에 의해서 이루어지기 때문에 복잡하다. 우리가 어떤 문제를 놓고 쉽게 결정을 내리지 못하는 까닭은 나도 움직이고 세상도 계속해서 움직이기 때문이다. 반면 죽음은 운동이 정지해 있는 상태이기 때문에 지극히 단순하다. 만약 어떤 일을 놓고 '해야 할까, 말아야 할까?' 고민하고 있다면 죽음의 시선에서 바라보면 명확해진다.

'이 일을 하지 않는다면 내가 죽는 순간에 후회하게 될까?'

죽음은 생명을 긴장시킨다. 지루하기 짝이 없던 삶도 시한부 선고를 받고 나면 바짝 긴장한다. 예전에는 무심코 지나쳤던 일상의 사소한 순간 속에서도 아름다움을 찾아내고, 생명의 의미를 다시 한 번 생각한다.

결국 죽음은 우리의 하나뿐인 소중한 생명을 앗아간다. 그럼에도 불구하고 인생에서 가장 큰 스승은 죽음이다. 우리는 죽음을 통해서 삶의 소중함을 깨닫고, 어떻게 살아야 후회 없는 삶인지를 고민한다.

독일의 철학자 쇼펜하우어는 "인생은 입구에서 볼 때는 한없이 멀고 아득하지만 출구에서 볼 때는 너무도 짧다."고 말한다. 또한 프랑스 작가 앙리 드 레니에는 "사람의 일생에는 불꽃의 시기와 잿더미의 시기가 있다."고 말하고, 페르시아 시인 오마르 하이얌은 "따야 할 꽃은 빨리 따는 것이 좋다. 내 몸에 힘이 빠지기 전에."라며 청춘의 분발을 촉구한다.

사랑하는 사람은 나를 가장 기쁘게 하지만 또한 나를 가장 슬프게 한다. 갑작스레 가족이나 연인이 죽게 되면 대다수가 죄책감에 시달린다. 일종의 '생존자 신드롬'이다. 심한 경우에는 우울증에 시달리다 못해 자살을 선택하기도 한다.

죽음은 삶의 한 부분이다. 말로 표현하기 힘든 이별의 아쉬움이야 있겠지만 자연스럽게 받아들여야 한다. 슬픔이 깊어서 제대로 생활할 수 없다면 추모 기간을 정해 놓고, 그 기간이 끝나면 보내 주는 게 죽은 이에 대한 예의이다.

 못 다한 사랑으로 인한 안타까움은 그분의 몫까지 대신해서 열심히 사는 것으로 달래야 한다. 그분이 나를 조금이라도 사랑했다면 내가 슬픔에 빠져 있기보다는 훌훌 털고 일어나서 열심히 살아가기를 바라지 않겠는가.

 사랑하는 사람의 죽음을 통해서 무엇을 배우느냐는 각자의 선택에 달려 있다. "인생은 학교이다. 그곳에서는 행복보다는 불행이 더 좋은 교사이다."라는 프리체의 말처럼, 어찌 보면 죽음은 떠나는 이가 남은 이들에게 주는 최고의 선물이다.

연습 6

이별에 아름답게 대처하는 지혜

하나, 행복했던 추억을 떠올린다.

함께 살며 호흡하다 보면 좋은 일도 있고, 나쁜 일도 있기 마련이다. 내가 잘못했던 일만을 집중적으로 떠올리며 괴로워하는 일은 고인에게는 물론이고 나 자신에게도 도움이 되지 않는다. 고인을 진정 추모하고 싶다면 행복했던 추억을 떠올려라.

둘, 가까운 사람들과 슬픔을 함께 나눈다.

슬픔이 물이라면 마음은 스펀지 같아서 혼자서 가슴속에 간직하려 들면 마음만 점점 무거워진다. 가족이나 친척 혹은 비슷한 아픔을 겪은 친구를 만나서 그들에게 가슴속 이야기를 털어놓아라. 함께 슬픔을 나누다 보면 기분도 나아지고 몸도 마음도 한결 가벼워진다.

셋, 추모 기간을 정한다.

슬픔이 깊어서 정상적인 생활이 힘들 때는 추모 기간을 정하라. 정갈한 마음으로 기도나 산책 등을 하고, 옛 추억을 회상하며 서서히 떠나보내라. 단, 그 기간에는 올바른 판단을 내릴 수 없기 때문에 중요한 결정을 해서는 안 된다.

넷, 문화생활을 하며 슬픔을 승화시킨다.

귀찮더라도 영화나 연극, 뮤지컬을 보러 가거나 음악회나 미술 전람회에 가라. 외출이 내키지 않으면 집에서 마음에 와 닿는 책을 찾아 읽어라. 그것들은 죽음과 삶에 대한 끊임없는 메시지를 보낼 것이고, 머잖아 삶은 계속되어야 한다는 사실을 깨닫게 된다.

다섯, 정상적인 생활을 유지하도록 노력한다.

소중한 사람이 내 곁을 떠났음에도 불구하고 세상은 변함없이 흘러가는 까닭은 탄생도 죽음도 삶의 일부분이기 때문이다. 상실의 아픔이 크면 클수록 생활의 리듬을 잃지 않도록 노력해야 한다. 가급적 약물에 의존하지 말고, 의식적으로 운동을 할 필요가 있다.

자신의 최대치를
찾으려는 의지가
행복의 결정적 열쇠이다

중소기업에 근무하는 신 대리는 고등학교 졸업 후 처음으로 동창회에 나갔다. 졸업한 지 불과 10년이 지났을 뿐인데 동창들은 예상보다 많이 변해 있었다. 벌써 판검사가 된 친구도 있었고, 제법 규모 있는 사업체를 꾸려 나가는 친구도 있었고, 차장이 된 친구도 있었다.

명함을 교환하고 나자 왠지 모르게 움츠러들었다. 그러나 신 대리는 옛날 별명을 부르며 힘차게 포옹했고, 뒤통수를 툭툭 치며 반가움을 표시했다. 시간이 지나자 어색했던 감정은 사라지고 옛 추억이 새록새록 솟아났다.

신 대리는 술을 한 잔도 못 마시지만 옛정에 취해서 친구들과 함께 웃고 떠들었다. 그런데 시간이 지나자 흥겨움이 점차 반감되기 시작했다. 신 대리가 무슨 말을 하려고 하면 소위 잘나가는 친구들이 말허리를 자르거나 무시해 버리기 일쑤였다. 그럴 때마다 애써 불쾌해지려는 감정을 컨트롤했다.

'자식들 많이 컸네! 학교 다닐 때는 내 앞에서 설설 기던 놈들이……'

정기 모임이 끝나자 뜻이 맞는 친구들끼리 2차를 하러 갔다. 신 대리는 같은 유도부였던 친구의 손에 이끌려 얼떨결에 2차를 가게 됐는데, 자리에 앉아 보니 동창들 중에서도 가장 성공한 친구들 그룹이었다.

취기가 오른 때문인지 다들 잘난 체하기 시작했다. 한쪽 구석에서 술 대신 음료수만 마셔대고 있던 신 대리는 시간이 지날수록 자신이 점점 더 작고 초라해지는 느낌에 사로잡혔다. 뒤늦게 단호하게 손을 뿌리치지 못한 걸 후회했다.

술자리는 자정이 넘어서야 끝이 났다. 유일하게 멀쩡한 정신을 유지하고 있던 신 대리는 집이 같은 방향이라서, 사업하는 친구의 승용차를 대신 운전하게 되었다. 고급 빌라에 도착하자 만취가 된 친구가 지갑에서 수표를 한 장 꺼내서 내밀었다.

"수고했어!"

"됐어! 친구끼리 무슨……."

신 대리가 사양하자 친구는 수표를 허공에 휙 던져 버리고는 비틀거리며 자신의 집으로 들어갔다. 땅에 떨어진 수표를 주워서 집으로 돌아가는데 기분이 더러웠다.

그날 이후로 신 대리는 일이 손에 잡히지 않았다. 중요한 시합에서 약체라고 생각했던 선수에게 불의의 한판 패를 당한 것처럼 억울하고 분했다. 지하철이나 버스를 타도 높은 빌딩이나 고급 승용차를 넋놓고 바라보다가 내릴 곳을 지나치기 일쑤였다.

신 대리는 아침에 양치질을 하다가, 만원 버스 안에서, 직장에서 업무를 보다가, 퇴근길 지하도를 종종걸음 치며 내려가다가 불쑥 혼잣말을 중얼거리곤 한다.

"뭐야? 잘나간다고 날 무시하는 거야?"

● ●

인간은 끝없는 경쟁을 통해서 진화해 왔다.

몇 해 전, 「휴먼 네이처」지에 미국 미주리 대학교 정신사회 과학자인 데이비드 기어리 교수 팀의 '인간의 뇌 용량이 커진 이유'에 관한 연구 결과가 실렸다.

인간 조상의 뇌 크기는 200만 년 전만 해도 지금의 3분의 1에 불과했으나 그 뒤 계속 용량이 커지기 시작해서 다른 포유류 동물과 큰 차이를 보이게 되었다. 연구팀은 200만 년 동안 살았던 호미니드(hominid, 현생 인류에 이르기까지 과거에 존재했던 인간과 관련된 모든 영장류)의 뇌 화석 153가지를 수집했고 화석 출토지의 기후 환경, 생태학적 조건, 인구 밀도 등을 면밀히 분석했다. 그 결과 인구 밀도가 뇌의 크기에 가장 큰 영향을 미쳤다는 결론을 내렸다.

인류의 조상은 모여서 생활하기 시작하면서 동일한 자원을 놓고 경쟁을 벌어야 했다. 전쟁에서 승리하거나 사회적으로 높은 지위를 차지하면 자원을 먼저 차지할 수 있기 때문에 치열한 경쟁을 벌이는 과정에서 뇌의 용량이 커졌다는 결론에 이르렀다.

선의의 경쟁은 나를 발전시키고 인류의 발전에 기여한다. 그러나 지나친 경쟁은 시기와 질투, 복수 등과 같은 적잖은 부작용을 낳는다.

'혹부리 영감이 기뻐할 때는 자기보다 더 큰 혹을 달고 있는 사람을 보았을 때'인 것처럼 인간은 타인과의 비교를 통해서 행복과 불행을 느낀다. 이는 지나친 경쟁 사회가 낳은 병폐이다. 그래서 오죽하면 사촌이 땅을 사면 축하해주기는커녕 배가 아프다고 하지 않는가.

얼마 전 경제학 학술지인 「이코노믹 저널」에는 친구나 가족의 수입과 자신의 수입을 비교하는 사람은 그렇지 않은 사람보다 덜 행복하다는 연구 결과가 실렸다.

프랑스 파리경제학교 앤드류 클라크·클라우디아 세닉 교수팀은 유럽 24개국 노동자 1만 9,000여 명을 대상으로 실시한 '유럽 사회 조사(European Social Survey)' 결과를 비교 분석했다. 다른 사람과 수입을 비교하는지를 조사하는 설문에는 4분의 1만이 전혀 비교하지 않는다고 응답했고, 다수가 비교한다고 대답했다. 자신의 수입을 비교하는 사람은 그렇지 않은 사람보다 행복지수가 낮았고, 삶의 만족도 또한 낮았으며 우울한 감정은 더 자주 느끼는 것으로 나타났다.

흥미롭게도 직장동료와의 수입 비교는 행복감과는 큰 상관관계가 없었다. 그러나 친구와의 수입 비교는 직장동료와 비교했을 때보다 2배나 더 큰 불행감을 느끼게 했다.

한국은 세계에서 경쟁이 가장 치열한 나라 중에 하나이다. 천연자원은 부족하고, 일자리는 한정되어 있고, 높은 교육열로 인해서 고급 인력은 넘쳐난다. 그 때문인지 가정에서건 학교에서건 끊임없이 경쟁을 부추긴다. 그들이 은연중에 강조하는 것은 주로 이런 내용이다.

'한국 사회는 학력으로 인한 소득 격차가 커서 경쟁에서 패할 경우 자신의 삶을 스스로 통제할 수 있는 권리를 잃고, 취업 선택의 기회를 잃고, 자칫하면 배우자 선택 권리마저 잃게 된다.'

베이비붐 세대가 학교를 다니고 사회생활을 시작할 때에는 지금보다 경쟁이 훨씬 더 치열했다. 그 당시에는 '삼당사락(三當四落)'이라는 말이 유행했다. '3시간 자면 꿈을 이룰 수 있고, 4시간 자면 꿈을 이루지 못한다.'라는 의미이다. 그들은 경쟁에서 살아남기 위해서 현재의 삶을 포기한 채 미래의 행복을 위해서 달려왔다. 그렇다면 그들은 지금쯤 행복해야 하는데, 과연 그럴까?

행복에 관해서 연구하는 학자들은 개개인이 느끼는 행복지수의 변화를 알아보기 위해서 오랜 기간에 걸쳐서 설문조사를 실시했다. 행복에 대한 자기 평가를 내리게 하고, 몇 년 뒤에 다시 스스로 평가를 하게 하는 식으로 관찰했지만, 행복에 대한 자기 평가는 세월이 지나도 변하지 않았다. 그 사람이 얼마나 행복한지를 알려면 오랜 세월에 걸쳐 설문조사를 할 필요조차 없었다. 조사를 시작할 시점의 행복도가 세월이 흘러도 그대로 지속되었기 때문이다.

따라서 '현재의 삶을 포기한 채 열심히 살면 미래에는 행복해진다.'는 말은 전적으로 틀린 말이다. 행복해지려면 먼저 타인과의 비교를 멈춰야 한다. 미래에 진정 행복해지고 싶다면 바깥으로 향한 눈을 내부로 돌려서, 현재 내가 가진 것에 감사하는 마음을 지녀야 한다.

어떤 환경에 처해 있든, 무슨 일을 하고 있든지 간에 지금 행복하지 않다면 결코 미래에도 행복해질 수 없다. 만약 현재 행복도가 그리 높지 않다면 나에 대한 생각과 세상을 바라보는 시선이나 태도 자체를 바꾸려고 의도적으로 노력할 필요가 있다.

일단 타인과 나의 크기를 재던 마음속의 자부터 내려놓아라. 그것은 지금까지 나의 행복을 가로막았던 가장 큰 장애물이요, 나를 나답게 살아갈 수 없도록 만들었던 훼방꾼이다.

사례로 들었던 신 대리의 불행도 비교에서부터 시작되었다. 성공하기까지의 과정을 일절 무시한 채 결과만 놓고서 단순 비교하는 건 자신감을 떨어뜨려서 경쟁력을 약화시킨다. 또한 나보다 못난 사람을 보고 만족하면 발전이 없고, 나보다 잘난 사람을 보고 시기하면 불평불만으로부터 벗어날 수 없다.

세상 사람들에게는 각자 주어진 인생이 있다. 친구에게는 친구의 인생이 있고, 나에게는 나의 인생이 있다. 친구의 장점을 시기하느라 눈이 멀어서 소중한 이 순간을 놓쳐 버리거나, 나의 가능성을 미처 발견하지 못한다면 참으로 어리석은 사람이다.

세상이 아무리 넓다고 해도 나와 똑같은 사람은 단 한 사람도 없다. 부러워하지 말고, 흉내 내지 말고, 나만의 인생을 살아야 한다. 헤르만 헤세의 말처럼!

"중요한 일은 지금 자신에게 부여된 길을 한결같은 마음으로 똑바로 나아가는 것이다. 다른 사람의 길과 비교하지 않으며."

연습 7

나만의 인생 100배 즐기기

하나, 긍정적인 마인드를 지닌다.

긍정적인 마인드가 긍정적인 인생을 이룬다. 생각을 바꾸면 불가능한 일도 가능해 보이고, 실패 속에서 성공의 실마리를 찾아낸다. 또한, 눈도 마주치기 싫었던 원수 같았던 인간에게도 배울 점이 있다는 사실을 깨닫게 된다.

둘, 나를 행복하게 한다.

나는 모든 관계의 중심이고 기쁨의 원천이다. 연인에게 하듯이 나를 위해서 이벤트도 열고, 갖고 싶어 하는 선물도 사 주고, 맛있는 음식도 사 먹고, 영화도 보고, 여행도 떠나자. 내가 웃어야 주변 사람들도 웃고, 오늘 내가 행복해야 미래의 내가 행복해진다.

셋, 현재 하고 있는 일의 장점을 찾는다.

장점만 갖춘 직업도 없고, 단점만 가득한 직업도 없다. 자유 시간이 부족한 대신 연봉이 높을 수도 있고, 연봉은 낮지만 많은 것을 보고 배울 수도 있다. 직업의 장점을 찾아내서 마음껏 즐기다 보면 인생이 점점 즐거워진다.

넷, 작은 목표를 세워서 하나씩 이뤄 나간다.

성취감은 인생을 살아 나가는 데 중요한 감정이다. 성취감을 자주 맛보며 인생을 살 수 있다면 행복한 인생이다. 최종 목표가 힘들고 멀어 보일수록 목표를 잘게 쪼개서 하나씩 하나씩 이뤄 나갈 필요가 있다. 행복한 과정이 행복한 결과를 낳는다.

다섯, 틈틈이 봉사활동을 한다.

이웃이나 타인을 위한 일임에도 불구하고, 봉사하고 나면 오히려 누군가에게 귀한 대접을 받은 느낌이 든다. 자존감이 높아지고 성취감도 맛볼 수 있다. 또한 타인에 대한 배려심이 깊어지고 성격이 활달해지며, 대인 관계 능력도 향상되며, 매사에 감사하게 된다.

결혼은 친숙함에서 벗어나 서로를 끝없이 증명하는 일이다

서른 살을 코앞에 두고 있는 은혜는 초등학교 교사이다. 5년 전, 친구의 소개로 건설회사에 다니는 지금의 남자 친구를 만났다. 처음 만났을 때는 서로 잘 맞는다고 생각했는데 지금은 이별을 심각하게 고민하고 있다.

남자 친구는 사남매 중 외아들에다 막내여서 여자의 심리를 잘 알았고, 비록 한 살 차이지만 한동안은 정말 친오빠처럼 잘해 줬다. 그러나 2년쯤 지나면서부터 전화도 뜸해졌고, 문자도 잘 보내지 않았다. 은혜가 먼저 연락하지 않으면 한 달이 넘도록 아예 전화조차 없었다.

사람이 왜 그렇게 무심하냐고 물으면 '승진 시험을 준비하느라 정신없이 바쁘기 때문'이라거나 '해외 프로젝트 팀의 업무량이 너무 많기 때문'이라며 매번 그럴듯한 이유를 댔다. 그러나 주변의 소음을 들어보면 도서관이나 사무실이 아닌, 술자리나 음식점 같다는 의심이 자꾸만 들었다.

은혜는 결혼을 염두에 두고 시작한 만남인데 남자 친구의 생각은 다른 듯했다. 결혼에 대해서 진지하게 이야기하려고 하면 아직 마음의 준비가 안 됐으니 조금만 더 기다려 달라며 매번 말문을 막았다. 그러는 사이에 나이만 먹어갔고, 결국 기다리다 못한 가족들이 선을 보라고 성화였다.

기약도 없이 기다리라고만 하니 은혜 역시 초조했다. 보름 전에 만났을 때는 결혼에 대한 남자 친구의 생각을 듣고 싶어서 '집에서 선보라고 한다.'고 솔직하게 말했다. 그러자 그는 불쾌한 기색을 노골적으로 드러냈다.

"네 맘대로 해!"

결국 남자 친구는 차를 마시다가 자리를 박차고 나가 버렸다. 전화를 하거나 문자를 보내도 응답하지 않았다. 답답한 마음에 이렇게 만날 바에야 차라리 헤어지자는 투로 메일을 보냈더니, 그제야 미안하다며 구구절절한 답장을 보내왔다.

주변에서는 헤어지라고 하지만 막상 헤어지려고 마음먹으니 그동안 쌓은 정을 무시할 수 없는 데다, 낯선 남자와 선을 봐서 새롭게 시작해야 한다는 사실이 두렵기까지 했다.

● ●

청춘의 시기에 해야 할 가장 중요한 일 가운데 하나는 배우자를 선택하는 일이다.

카메론 디아즈가 열연한 영화 「라스베가스에서만 생길 수 있는 일」은 술에 만취해서 만난 지 몇 시간 되지 않은 남자와 결혼식을 치른 뒤 벌어지는 해프닝을 다루고 있다. 일단 결혼부터 지르고 나서 뒤늦게 사랑의 감정을 확인해 나가는 일은 영화니까 가능하다.

인간은 부모 밑에서 인생의 3분의 1을 살고, 결혼해서 나머지 3분의 2를 산다. 부모와 함께 사는 기간은 나머지 3분의 2를 제대로 살기 위한 일종의 교육 기간이다. 따라서 배우자와 함께 살아가는 기간이야말로 인생의 진수라 할 수 있다.

어떤 배우자를 만나느냐에 따라서 행복한 인생과 불행한 인생으로 갈린다고 해도 과언이 아니다. 가정은 용기와 희망이 샘솟는 곳이기도 하지만 온갖 스트레스의 진원지이기도 하다. 만약 가정이 없다면 정신과 의사들의 수입은 3분의 1로 줄어들리라.

배우자 선택의 중요성은 아무리 강조해도 지나치지 않다. 술에 취해서 결정하거나, 뽑기 하듯이 고르거나, 쇼핑하듯이 마음 내키는 대로 지르고 볼 수는 없는 문제이다.

지구상의 모든 생명체는 종족 보존을 최우선으로 하고 있다. 매미는 알에서 유충이 되기까지 땅 속에서 4년 내지는 17년을 지낸다. 성충으로 살아가는 기간은 불과 보름 남짓에 불과한데 그 사이에 짝짓기를 하고 생을 마감한다. 수사마귀는 단 한 번의 사랑을 위해 암사마귀에게 목숨을 바친다. 연어는 바다에서 태어났던 강으로 되돌아와서 알을 산란한 뒤 죽음을 맞는다. 황제펭귄 수컷은 암컷이 먹이를 구하러 간 동안, 알을 자신의 발등에 올려놓고 65일 동안 혹한의 눈보라를 맞으며 새끼가 부화하기만을 기다린다.

인간의 결혼 역시 종족 보존을 위한 첫 관문이다. 출세욕 속에는 훌륭한 배우자를 선택할 수 있는 우선권을 확보하기 위한 욕망이 숨겨져 있다. 여성이 경제적 능력이 있는 남성을 선호하는 이유도 경제력이 있어야만 자식을 많이 낳아서 잘 키울 수 있다는 심리가 잠재되어 있기 때문이다.

남성이 매력을 느끼는 여성의 풍만한 가슴과 평퍼짐한 엉덩이는 훌륭한 2세를 낳기 위한 기본 조건이다. 여성이 매력을 느끼는 호감형의 얼굴과 자상한 성격 역시 훌륭한 아이를 낳기 위한 기본 조건이다. 남성은 섹시한 여성이면 성관계를 할 준비가 끝나지만, 여성은 긴장이 풀리고 마음이 편안해져야 성관계를 할 준비가 끝나기 때문이다.

　여성과 남성의 심리는 생김새보다 더 많은 차이가 있다. 동굴에서 아이를 돌보며 다른 여성들과 함께 생활해 왔던 여성은 대화 자체를 즐긴다. 반면 무리 지어서 사냥을 해 왔던 남성은 문제를 해결하기 위한 도구로서 대화를 사용한다. 그러다 보니 여성과 남성이 대화를 오래 하다 보면 여성은 스트레스가 풀리는 반면, 남성은 여성이 무언가를 해결해 달라고 자꾸 조르는 것만 같아서 오히려 스트레스가 쌓인다.

　이렇게 다른 남녀가 같은 공간에서 생리적인 문제, 경제적인 문제 등을 해결해 가면서 아이를 낳아 기르며 살아가는 것이 결혼생활이다. 심리가 비슷한 같은 동성끼리도 한 공간에서 오래 살면 싸우는데, 심리가 다른 남녀가 만났으니 싸우지 않고 산다는 건 거의 불가능한 일이다.

　심리학자들이 출생이나 자라온 환경, 성격 등 공통분모가 많은 배우자를 선택하라고 권유하는 이유도 그 때문이다. 연애할 때는 설렘의 감정이 남아 있기 때문에 공통분모가 적어도 호기심을 갖고 만남을 지속할 수 있다. 그러나 결혼하게 되면 설렘은 사라지고 생활에 대한 일상적인 감정만 남는다. 공통분모가 적은 배우자에게 끌려서 결혼할 경우, 내가 많은 부분을 포기하든지 배우자가 많은 부분을 포기해야 하는데 둘 다 쉬운 일이 아니다.

은혜의 경우, 사귄 지 5년이 됐으면 눈에 씐 콩깍지는 떨어져 나갔다고 봐야 한다. 설렘도 사라지고 남아 있는 것은 냉정한 현실뿐이다. 남자는 결혼을 하면 생리적인 욕구는 해결할 수 있어 좋지만 가정 경제를 책임져야 하기 때문에 결혼을 부담스러워 하는 경향이 있다. 요즘 시대에는 굳이 결혼을 하지 않아도 생리적인 욕구를 해결할 수 있어서 혼기를 늦추거나 독신이 늘어나는 추세이다.

한동안 결혼할 마음이 없거나 독신으로 살 생각이라면 상대를 놓아 주어야 한다. 상대도 같은 생각이라면 모르지만 결혼을 하자고 조르는데, 계속 연인을 곁에 붙잡아두는 건 자신의 욕심을 채우기 위한 이기적인 행동이다.

우리는 주변에서 '연애할 때는 그렇게 잘해 주던 남자가 결혼하고 나서 180도 바뀌었다.'는 말을 종종 듣는다. 그 이유는 연애는 상상이 가미된 이상에 가깝지만 결혼은 현실이기 때문이다. 연애할 때는 도파민, 옥시토신, 세로토닌 같은 신경전달물질이 분비되어서 기분이 좋아지고, 사랑스러워 보이고, 행복해지기 때문에 원하는 것은 뭐든지 들어 준다. 그러나 결혼하고 나면 나를 홀리게 했던 마약과도 같은 신경전달물질의 분비도 줄어서 기대감이나 신비감은 사라지고, 상대가 원하는 것보다는 가정 경제를 먼저 생각하게 된다. 연애할 때 잘해 주던 남자도 그런데 하물며 연애할 때 섭섭하게 하는 남자야 더 이상 말해서 무엇 하겠는가.

　변화를 두려워해서 내가 사랑하지 않거나 나를 사랑해 주지 않는 이성과 헤어지지 못한다면 그것은 또 다른 만남을 차 버리는 결과이다. 행복해지기 위해서는 현명한 선택을 해야 하고, 그것이 틀렸다는 사실을 깨달았다면 결단을 내려야 한다. 결단을 내려야 할 때 우물쭈물하고 있으면 다음 손님으로는 반드시 재앙이 찾아온다.

연습 8
후회 없는 배우자 선별법

하나, 공통점이 많을수록 좋다.

세계관, 성격, 성장 환경, 취향, 적성, 취미, 종교 등 공통분모가 많을수록 결혼생활이 즐겁다. 서로가 언성을 높일 일도 줄고, 진짜 속마음을 몰라서 빚어지는 갈등도 줄일 수 있다. 또한 화제가 끊이질 않고, 서로에 대한 배려가 깊어지니 가정에 웃음이 넘쳐난다.

둘, 건강해야 한다.

결혼은 긴 여행이기 때문에 배우자를 선택할 때는 장점보다는 단점이 없나를 먼저 살피는 게 좋다. 집안에 아픈 사람이 있으면 자신도 모르게 표정이 어두워지고 기력이 빠진다. 배우자와의 사별은 인간이 받는 스트레스 지수 중에서 가장 높다.

셋, 마음이 따뜻한 사람이어야 한다.

세상을 살다 보면 모든 걸 포기해 버리고 싶을 정도로 지치고 힘든 순간도 찾아온다. 그럴 때 배우자의 따뜻한 격려는 세상을 다시 살아 나갈 용기를 준다. 좋은 순간에만 함께 하고, 힘든 순간에는 등을 돌리는 사람이라면 진정한 동반자라 할 수 없다.

넷, 지적 수준이 어느 정도 비슷해야 한다.

부부란 '평생 대화를 함께 나누는 사람이다.'라고 해도 지나치지 않다. 지적 수준이 차이나면 생활에 꼭 필요한 이야기밖에 할 말이 없다. 적막이 감도는 가정은 꽃도 피지 않고, 새들도 노래하지 않는 겨울궁전이다. 잠깐은 몰라도 평생 사는 건 서로에게 고역이다.

다섯, 긍정적인 사고를 지니고 있어야 한다.

매사에 잔소리를 하고, 사소한 일에도 짜증을 내고, 말다툼을 할 때마다 과거의 일을 시시콜콜 끄집어내는 사람은 부정적인 사람이다. 긍정적인 사람은 배우자의 마음을 편안하게 해 주는 반면 부정적인 사람은 괜히 불안하게 만든다.

여섯, 진실한 사람이어야 한다.

결혼을 하고 나면 수입과 지출은 물론이고, 생각과 행동반경까지 투명하게 서로를 볼 수 있어야 한다. 그 속에서 신뢰가 싹트고 애정이 깊어진다. 가정불화는 사소한 거짓말이나 속임수로 인한 불신에서부터 시작되어 산불처럼 걷잡을 수 없이 번져 가는 특성이 있다.

일곱, 주변 사람과 조화를 이루어야 한다.

결혼을 하는 이유는 안정된 삶을 통해서 행복을 누리기 위해서이다. 부모가 필사적으로 반대하거나 친구와의 갈등을 조장하는 배우자라면 오히려 안정된 삶을 깨게 된다. 사랑에 빠지면 배우자만 바라보며 평생을 살 수 있을 것 같지만 머잖아 반드시 후회하게 된다.

나를 미워하는 사람마저
끌어안을 때,
인생은 성장한다

"내일 갈 거지?"

자전거여행 동호회에서 사귄 김 씨의 전화를 받고 인혁은 혹시나 싶어서 되물었다.

"내일 라이딩 있어요?"

"총무에게 연락 못 받았어?"

총무의 무뚝뚝한 얼굴이 떠오르자 인혁은 그제야 전후 사정을 이해할 수 있었다. 국경일이 다가오자 총무가 또 자신만 제외한 채 번개를 친 것이었다.

인혁이 자전거여행 동호회에 가입한 것은 1년 전이었다. 20대 후반임에도 불구하고 동호회에서는 나이가 어린 편이이어서 모두들 가족처럼 잘해 줬다. 동호회의 중심 역할을 하고 있는 총무는 30대 중반인데, 그가 자신을 싫어한다는 사실을 깨달은 것은 한 달쯤 지나서였다.

라이딩을 할 때는 가까이 다가오는 걸 싫어했고, 가볍게 뒤풀이를 하고 2차를 갈 때면 매번 인혁을 따돌렸다. 정기 모임이 아닌 번개 같은 임시 모임에는 아예 연락조차 하지 않았다.

하루는 화가 나서 왜 나에게는 알려 주지 않았느냐고 따지자, 총무는 신입이라서 연락처 목록에 빠져 있었던 모양이라며 미안해했다. 그러나 그 뒤로도 상황은 조금도 개선되지 않았다.

인혁은 도무지 이해할 수 없었다. 다른 사람에게는 그토록 친절하게 대하면서 왜 유독 자신에게만 차갑게 대하는지.

'내가 뭘 잘못했지?'

인혁은 동호회에서 자신의 처신을 곰곰이 되돌아보았지만 특별히 눈에 벗어날 만한 행동을 한 적은 없었다.

'이젠 아예 대놓고 왕따 시키는군!'

휴일에 사람들과 어울려 자전거를 타고 여행을 떠나는 건 커다란 즐거움이었다. 마음 같아서는 동호회를 당장 옮기고 싶었지만 그동안 사귄 다른 사람들과의 관계 때문에 그럴 수도 없었다.

'정말 이해할 수 없네! 그 인간은 왜 나만 미워하는 걸까?'

∙∙

탈무드에 굴뚝 청소부에 관한 이야기가 나온다.

랍비가 학생들에게 묻는다. 두 사람이 굴뚝 청소를 마쳤는데 한 사람은 얼굴이 까맣고 한 사람은 얼굴이 희다면 누가 얼굴을 씻겠는가? 답은 얼굴이 흰 사람이다. 서로의 얼굴을 들여다본 뒤에 상대방의 얼굴을 통해서 내 얼굴 상태를 떠올리기 때문이다. 이처럼 인간은 타인을 통해서 자신의 정체성을 인식하기도 한다.

사람들은 대체적으로 생김새가 자신과 닮은 사람을 선호한다. 청춘남녀들을 대상으로 한 얼굴인지실험을 통해서 밝혀진 결과이다. 비슷한 유전자를 지닌 배우자를 선택하는 일은 기존의 진화론으로는 쉽게 설명할 수 없다. 비슷한 유전자끼리의 결합은 '근교약세(近交弱勢)'이다. '잡종강세(雜種强勢)'와는 반대로 기형이나 왜소증 등과 같은 여러 가지 부작용을 낳을 수 있기 때문이다.

그러나 인류 역사를 통해서 보면 사촌 간의 혼인이 성행했고, 아직도 많은 무슬림 국가에서는 사촌에게 배우자 선택권이 우선적으로 주어진다. 사촌 남성이 결혼하겠다고 하면 사촌 여성이 거부하기란 쉽지 않다.

케임브리지 대학교의 팻 베이트슨 교수는 일본 메추라기를 연구했는데 놀랍게도 사촌 사이에서 태어난 메추라기가 더 많은 새끼를 낳는다는 사실을 발견했다. 유전적으로 가까운 개체끼리의 결합은 나쁜 유전자를 물려 줄 수 있지만, 반대로 좋은 유전자를 유지하는 데 유리하다는 사실을 밝혀낸 것이다.

일본 메추라기는 배우자를 선택할 때 '근교약세'의 위험이 있는 자신과 똑같이 생긴 상대는 피하고, 생김새가 비슷한 사촌을 짝으로 선택했다. 유전자가 완전히 다른 상대와의 결합으로 '좋은 유전자'가 파묻힐 위험을 피하기 위함이다.

인간은 자신과 유사한 사람을 선호한다. 가치관이나 취미, 취향이 비슷하면 상대방의 생각과 행동을 예측할 수 있기 때문에 함께 있어도 마음이 편안하다. 설득의 대가들은 이런 심리를 이용해서 상대방의 취미나 관심사를 미리 파악해서 화제에 올리고, 상대방이 이야기할 때 일부러 똑같은 얼굴 표정을 짓는다.

심리학자들은 행복한 결혼생활을 하고 싶다면 성장 환경이나 가치관, 성격, 취미 등 공통점이 많은 배우자를 선택하라고 충고한다. 공통점은 두 사람의 재산이고, 차이점은 살면서 갚아야 할 부채라는 것이다. 이혼 사유 중에서 '성격 차이'가 높은 비율을 차지하고 있는 세태에 비춰 볼 때, 결혼 전에 한 번쯤은 생각해 봐야 할 부분이 아닌가 싶다.

그러나 반드시 닮았다고 해서 좋은 것은 아니다. 자신이 지닌 단점을 상대방도 똑같이 지니고 있을 때에는 오히려 역효과가 나타난다. 자신의 단점을 잊거나 외면하고 싶은데, 타인을 통해서 자신의 단점을 새삼 확인해야 한다면 괴로울 수밖에 없다.

또한 상대방이 나와 정반대의 성격, 가치관, 종교, 취향 등을 지닌 경우에도 싫어할 가능성이 높다. 생각이나 행동을 예측할 수 없을뿐더러, 상대를 인정할 경우 자신을 부정하거나 폄하하는 상황이 올 수도 있기 때문에 함께 있으면 마음이 불편해진다.

동성이 아닌 이성이라면 문제가 다르다. 오히려 정반대의 성격을 지닌 상대에게 호감을 느끼기도 한다. 함께 있으면 자신의 단점을 커버할 수 있고, 장점이 부각되기 때문이다.

전문가들이 이상적으로 꼽는 결합은 장점은 같고, 단점은 서로 다른 커플이다. 함께 있으면 상대를 통해서 나의 장점을 보는 즐거움이 있는 반면, 상대방을 통해서 나의 단점을 확인해야 하는 괴로움은 없기 때문이다.

그러나 동성의 경우에는 오래 사귄 친구가 아니라면 정반대의 성격, 가치관, 종교, 취향 등을 지닌 경우, 대다수가 거부감을 느낀다. 그것은 일종의 본능으로 자기방어의 일종이다.

사례로 든 인혁의 경우, 총무가 자신을 싫어하는 이유를 먼저 찾아내야 한다. 혼자서 판단할 경우, 감정이 개입되어 객관적인 시선을 유지하기 힘들다. 일단 주변 사람들에게 '총무가 나를 싫어하는 이유'를 물어보는 게 바람직하다. 그들 역시 뚜렷한 이유를 모른다면 '총무와 나의 공통점과 차이점'을 물어서 종이에 적어 볼 필요가 있다.

서로가 비슷한 단점을 지니고 있어서 싫어하는 경우라면 시간을 갖고 서서히 이미지 개선작업을 해야 한다. 그를 위해서가 아니라 나를 위해서! 싫어하는 행동이나 몸짓, 말투는 피하고, 호감을 주기 위해서 노력한다면 2~3개월쯤 뒤에는 고정되어 있던 이미지가 바뀐다.

성격, 가치관, 종교, 취향 등이 반대여서 싫어하는 경우라면 인혁이 먼저 총무와의 차이를 인정하고, 존중하는 마음으로 대할 필요가 있다.

마지막으로 인혁과 여러모로 비슷한 사람에게 피해를 입었던 경험 때문에 총무가 싫어할 수도 있다. 이런 경우에는 총무가 속마음을 털어놓기 전에는 알 수 없다. 이럴 때는 일단 외모나 말투의 변화를 꾀해 보는 것도 하나의 방법이다.

누군가 나만 미워한다고 해서 똑같이 감정적으로 대응하면 갈등만 증폭된다. 힘들더라도 그를 이해하고, 나의 관점만이 아닌 그의 관점에서도 보려고 노력할 필요가 있다. 내가 먼저 마음을 열고 진실한 마음으로 대하다 보면 시간이 지나면서 이해의 폭이 점점 넓어지고, 그와 함께 불편했던 마음도 눈 녹듯 녹아내릴 것이다.

연습 9

나만 미워하는 사람 대처법

하나, 나만 미워하는 이유를 파악한다.

누군가 까닭 없이 나만 미워한다면 그 이유를 파악한다. 대개는 나와 같은 단점을 지니고 있는 경우, 가치관과 성향이 나와 반대인 경우, 나와 여러모로 비슷한 사람에게 피해를 입었던 경험이 있는 경우에 미워하게 된다.

둘, 주변 사람에게 묻는다.

주변 사람에게 그가 나를 미워하는 이유가 뭔지 물어본다. 그들도 정확히 모른다면 그와 나의 공통점과 차이점을 물어본다. 이때 그를 비난하지 않도록 각별히 조심할 필요가 있다. 자칫 잘못하면 더욱 미움 받는 계기가 될 수 있다.

셋, 나의 모습을 제3자의 시선으로 바라본다.

그가 까닭 없이 나를 미워한다고 생각하지만 실상은 내가 나만 생각하는 이기적인 행동을 하거나 다른 사람들에게 민폐를 끼치는 행동을 하기 때문일 수도 있다. 또는 다른 사람들은 하지 않는 튀는 행동을 하기 때문에 나만 미워할 수도 있다.

넷, 나의 이미지를 개선한다.

나와 비슷한 단점을 지닌 경우라면 이미지를 개선한다. 가치관과 성향이 반대인 경우라면 내가 먼저 그를 존중하는 마음을 갖고 대해야 한다. 나와 비슷한 사람에게 피해를 입었던 경우라면 외모나 말투에 변화를 꾀해 본다.

다섯, 상대방의 관점에서 보려고 노력한다.

같은 상황에서 빚어진 일이라 하더라도 각자가 처해 있는 환경이나 각자가 맡고 있는 직위에 따라서 생각도 다르고, 대처 방법도 달라진다. 나의 관점만 고집하다 보면 관계의 골은 점점 깊어진다. 먼저 마음을 열고서 상대방을 이해하려는 노력이 필요하다.

CHAPTER 2

스스로에게 당당하기 위해서

상처뿐인 승낙보다
여유로운 거절이 낫다

:

"이것 내일 아침까지 좀 부탁해."

김 대리가 내미는 서류를 받아들며 재하는 습관적으로 서류를 들여다보았다. 부장이 며칠 전에 김 대리에게 맡긴 신제품 론칭 마케팅 계획서였다.

"전체적인 윤곽은 잡아 놨으니까 문서 작업만 하면 돼. 엑셀 잘하잖아? 금방 끝낼 수 있을 거야."

재하는 시계를 보았다. 어느덧 퇴근 시간이 임박해 있었다.

"미안해. 거래처 부장님 모친이 돌아가셔서 상갓집에 가야 하거든."

순간, 입안에서 '저도 오늘 저녁에 동창회 모임에 가야 해요.'라는 말이 맴돌았다. 망설이다가 용기를 내서 말하려는데, 김 대리가 선수를 쳤다.

"고마워! 대신 내일 점심 근사한 데서 화끈하게 쏠게."

자기 할 말만 마치고 김 대리가 재빨리 돌아섰다. 멀어져 가는 김 대리의 뒤통수를 바라보고 있으니 이건 아니다, 싶은 생각이 퍼뜩 들었다.

"저어, 김……."

붙잡으려고 한 걸음 옮기려는데 거절하기에는 이미 늦었다는 생각이 들었다.

'왜 나는 거절을 못 하는 걸까? 바보같이…….'

책상에 앉아서 솟구치는 화를 삭이며 일을 하다 보니 어느덧 퇴근 시간이었다. 김 대리가 미소와 함께 손을 흔들고는 사무실을 빠져 나갔다. 고개를 푹 숙인 채 일을 하고 있는데 입사 동기인 창수가 다가와 불쑥 물었다.

"10만 원 있지?"

재하는 얼떨결에 고개를 끄덕였다.

"나 좀 빌려 줘. 내가 오늘 여자 친구하고 연극 보러 가기로 했는데, 아침에 서두른다고 지갑을 놓고 왔지 뭐야."

순간, 그동안 말은 못 하고 마음고생만 하고 있었는데, 잘됐다는 생각이 들었다.

"보름 전에 빌려 간……."

미처 말을 내뱉기도 전에 창수가 재빨리 뒷말을 잘랐다.

"아, 그거! 내가 내일 한꺼번에 갚을게."

'믿어도 될까?' 하는 생각이 들었고, 이내 머릿속이 혼란스러워졌다. 어떻게 해야 할지 몰라 망설이고 있는데 창수가 손목시계를 들여다보았다.

"내가 시간이 없거든! 빨리 좀……."

'안 되는데…….'라는 생각이 들었지만 입에서는 그와는 반대로 "어, 그래……."라는 말이 나왔고, 손은 어느새 지갑을 열고 있었다.

· ·

짐 캐리 주연의 영화 「예스맨」은 베스트셀러가 된 데니 월레스의 회고록이 원작이다. 여자 친구에게 차인 후 절망에 빠져 있던 그는 버스 안에서 좀 더 많이 "YES!"라고 대답하며 살아 보라는 조언을 듣는다. 그 말을 듣고 크게 깨달은 그는 본격적으로 예스맨의 삶을 살기 시작했다.

영화에서는 코믹하게 긍정의 힘을 보여 준다. 대출회사에서 상담 업무를 하는 칼 알렌(짐 캐리)은 "안 돼!"를 입에 달고 사는 전형적인 노맨(No Man)으로, 무료하고 심심한 인생을 살아가고 있다. 그러던 어느 날 친구의 권유로 '인생역전 자립프로그램'에 등록하고, 예스맨 교주의 강연을 들은 뒤 인생에 변화가 찾아온다. 무슨 일이든지 "Yes!"를 외치게 되자 눈앞에 새로운 세상이 펼쳐진다. 답답한 공간이 신나는 놀이터로 변해 버린 세상에서 즐거움을 만끽하다 보니, 마침내 로맨스는 물론이고 승진의 기회마저 찾아온다.

성공의 기회는 '노맨'보다는 '예스맨'에게 주어지는 건 사실이다. 예스맨이 되려면 마음에 여유가 있고, 자존감이 높고, 긍정적이고, 도전적이어야 가능하다. 현재의 기분이 삶의 만족도를 평가하는 데 상당한 영향을 미치기 때문에 즐거운 마음으로 타인을 돕고 살면 행복지수 또한 높아진다.

문제는 '능동적인 Yes'가 아닌 '수동적인 Yes'이다. 자발적으로 마음에서 우러난 'Yes'가 아닌 마지못해서 승낙하는 'Yes'는 오히려 스트레스를 유발한다.

거절을 못 하는 사람들은 대체적으로 대인 관계를 중시한다. 다른 사람들에게 잘 보이겠다는 심리가 지배적이다 보니, 거절할 경우 자신의 이미지가 나빠질까 우려한다.

'이 일로 인해 날 싫어하면 어떡하지?'
'날 차갑고 이기적인 사람으로 보지는 않을까?'
상대방에 대한 지나친 배려심도 거절을 못 하도록 거든다. 그래서 거짓말인 걸 빤히 알면서도 속아 준다.

'상황이 저렇다는데 어쩔 수 없지, 뭐.'

스트레스에 시달리면서도 계속 부탁을 들어주는 심리의 저변에는 타인에게서 인정받고 있다는 자부심도 깔려 있다.

"그래! 날 그만큼 믿으니까 그러는 거 아니겠어?"

그러다 어느 한순간, 자신이 매번 이용당하고 있다는 생각이 들면 극심한 스트레스에 시달리게 된다. 이 상태에 이르면 대다수가 대화로 해결하려 들지 않고, 아예 관계의 끈을 싹둑 끊어 버린다.

주변 사람들과의 친밀한 관계는 세상을 살아갈 때 큰 힘이 된다. 그러나 관계의 중심축에는 항상 '나'가 있다는 사실을 잊어서는 안 된다.

행복하고 여유로운 삶을 살기 위해서는 경제적 여유든 시간적 여유든 간에 어느 정도 '나의 공간'이 확보되어야 한다. 거절을 못해서 나의 공간이 위축되면 방어기제가 발동해 관계를 왜곡시키고, 결국 그토록 친밀함을 유지하려고 발버둥 쳐 왔던 관계의 끈을 끊어 버리게 된다.

부탁을 거절한다고 해서 관계가 나빠지는 것은 아니다. 또한 나의 매력이 사라지는 것도 아니다. 얼마 전, 직장인 1,112명을 대상으로 한 설문조사에서 '거절당했을 때 어떤 기분이 드느냐?'고 물었을 때, 65.9%가 '그럴 수도 있다. 이해한다.'라고 대답한 것으로 나타났다.

거절이라는 것은 그 상황에 대한 거절이지, 그 사람에 대한 거절이 아니기 때문에 현명하게 대처한다면 관계를 훼손시키지 않는다.

부탁하는 사람은 상황을 구체적으로 설명한다. 모르는 사람의 부탁이라면 "싫어!"라고 일언지하에 거절해도 상관없지만 친한 사람이라면 거절해야 하는 상황을 구체적으로 설명해야 한다. 가급적 농담은 자제하고 진지한 태도로 임하는 게 좋다. 그렇게 하면 '너'와 '나'가 아닌, '너의 상황'과 '나의 상황'의 부딪침이 되기 때문에 뒤끝이 남지 않는다.

"미안해요. 오늘 고등학교 졸업한 지 7년 만에 동창들을 만나기로 했거든요. 외국 유학을 떠나는 친구도 있어서 오늘은 꼭 나가 봐야 해요."

굳이 거짓말을 하지 않더라도 세세하게 설명하면 거절할 수 있는 상황이 된다. 그럼에도 불구하고 상대방이 섭섭해할까 봐 걱정이 된다면 적당한 선에서 타협하는 게 좋다.

"그래서 내일 아침까지는 힘들 것 같고, 모레 아침까지 괜찮다면 한번 해 볼게요."

"오늘 나도 동창 모임이 있어서 10만 원은 안 되고, 3만 원은 빌려줄 수 있어."

타인의 부탁을 일절 거절하지 않고 살아가는 사람은 극소수이고, 대다수는 그렇게 살고 싶어도 상황 때문에 그럴 수 없는 게 현실이다. 거절해야 할 상황이라면 마음이 아프더라도 단호하게 거절하는 게 좋다. 타인의 행복 못지않게 중요한 것이 바로 나의 행복이기 때문이다.

그래도 여전히 거절이 두렵게만 느껴진다면 벤저민 프랭클린의 명언을 보이는 곳에 적어 놓고, '나의 공간'에 대해서 생각해 보는 건 어떨까?

"행복은 아주 드물게 찾아오는 거창한 행운보다 매일 일어나는 자잘한 편리함과 기쁨 속에 깃들어 있다."

연습 10
현명하게 거절하는 법

하나, 끝까지 경청한다.
"동냥은 못할망정 쪽박은 깨지 마라"는 속담이 있다. 부탁이란 생판 모르는 사람에게는 하지 않는다. 도와주지 못할망정 말허리를 싹둑 끊어 버리면 서운함만 남는다. 일단 이야기를 진지하게 들은 뒤, 상대편이 처한 상황에 대해서 공감대를 형성해 주는 게 좋다.

둘, 나의 현재 상황을 객관적으로 판단한다.
내가 처리해야 할 업무가 쌓여 있는데 다른 사람의 업무까지 도맡는다면 책임감이 부족한 사람이다. 경제적인 여유가 없는데 돈을 융통해 준다면 그건 허세를 부리는 꼴이 된다. 스트레스 받지 않고 즐거운 마음으로 도와 줄 수 있는 부탁인가부터 체크한다.

셋, 입장을 바꿔 놓고 생각한다.
상대방과 나의 입장을 바꿔 놓고, 어떻게 거절해야만 상대방이 마음에 상처를 입지 않을까를 생각한다. 나의 상황만 고려한 일방적인 거절은 상대의 마음속에 앙금을 남길 수 있다. 거절하기 전에 상대방의 상황과 성격을 충분히 고려해야 한다.

넷, 상황을 구체적으로 설명한다.
거절할 수밖에 없는 상황에 대한 공감적 이해를 구해야 한다. 같은 말이라도 '싫어!'라는 느낌을 주는 거절과 '도와주고 싶지만 내가 현재 도와 줄 수 없는 상황이야. 그래서 참 미안하게 생각해.'라는 느낌을 주는 거절은 큰 차이가 있다.

다섯, 적당한 선에서 타협한다.
세상은 도움을 주기도 하고, 받기도 하면서 살아가는 곳이다. 나도 언젠가 부탁을 하게 될지도 모른다. 거절하기가 정 어렵다면 적당한 선에서 타협하는 것도 하나의 방법이다. 슬기로운 타협은 서로에게 기쁨을 준다.

자신감은
세상이 퍼붓는 공격을 흡수하는
완충장치다

수철은 새벽에 눈을 뜨자마자 컴퓨터를 켰다. 청바지에 검은 색 티셔츠를 입고 프레젠테이션을 하는 스티브 잡스의 몸동작을 유심히 살펴보았다. 머릿속은 정리 안 된 서랍처럼 어지러웠다.

'내가 과연 잡스의 10분의 1만큼이라도 해낼 수 있을까? 아니, 팀장님의 반만큼이라도 해낼 수 있을까?'

입사 3년차이지만 회사 임원들이 모두 모인 자리에서 프레젠테이션을 해 본 적은 단 한 번도 없었다.

"내가 왜 이런 쓸데없는 짓을 했을까?"

수철은 길게 한숨을 내쉬었지만 이미 엎질러진 물이었다.

회사에서 정기적으로 실시하는 '이 달의 제안 왕'에 아이디어를 제출한 게 문제의 발단이었다. 기대하지 않았는데 '제안 왕'에 뽑혔고 상금까지 받았다. 기쁨이 채 가시기도 전에 격식에 맞춰 정식 기획안을 올리라는 명령이 떨어졌다.

며칠 밤낮을 새다시피 해서 기획안을 작성했고, 팀원들끼리 기획안을 사전 검토했다. 몇 차례 수정을 거쳐 최종 기획안이 완성되었지만 팀원들의 반응은 회의적이었다. 설령 기획안이 채택된다고 해도 들어가는 비용만큼 성과가 창출될지 의문이라는 것이었다.

"이번 프레젠테이션은 박 과장이 해 보는 게 어때?"

그동안 중요한 프레젠테이션을 전담하다시피 했던 팀장이 몸을 사리자 박 과장도 슬쩍 발을 뒤로 뺐다.

"기획안 작성하느라고 고생한 걸 빤히 아는데, 제가 중간에서 가로챌 수는 없죠."

결국 프레젠테이션은 수철의 몫으로 떨어졌다. 절로 한숨이 나왔다. 무뚝뚝하고 괴팍하기로 소문난 사장에다 장점을 찾아 칭찬해 주기보다는 결점을 찾아 비난하는 데 탁월한 재능을 지닌 임원들 앞에서, 채택된다고 해도 결과가 두려운 기획안을 놓고 프레젠테이션을 해야만 했다.

시계를 보니 불과 3시간밖에 남지 않았다. 초조함을 달래기 위해

길게 한숨을 내쉬었다. 그러자 살아오면서 겪었던 가슴 떨리는 순간들이 눈앞을 스치고 지나갔다. 중학교 때 짝사랑하던 여자에게 선물을 전해 주려다가 결국 아무 말도 못하고 돌아섰던 일, 대학교 축제 때 경품이 당첨되는 바람에 단상에 나갔다가 사회자의 권유에 못 이겨 떨리는 목소리로 노래를 불렀던 일, 미국으로 어학연수를 갔다가 말이 입에서 떨어지지 않아 열흘 동안 한마디 말도 못하고 벙어리로 지냈던 일…….

'어떡하지? 아, 보나마나 프레젠테이션을 망칠 거야!'

수철은 머리카락을 움켜쥐고 있다가, 자신감을 불어넣기 위해서 "나는 할 수 있다!"를 큰 소리로 외치기 시작했다. 그러나 입에서 나오는 소리와는 반대로 머릿속에서는 '내가 과연 잘할 수 있을까?' 하는 의문이 떠나지 않았다.

\.\.

청년은 노인에 비해서 대체적으로 안목이 짧다. 인생 경험이 부족한 데다 감정에 쉽게 휘둘리기 때문이다. 그러다 보니 청년기에는 자신감 부족이라는 몹쓸 병에 걸리기도 한다. 자신의 단점을 끌어안고 좌절하느라 얼마나 많은 장점과 가능성을 지니고 있는지 발견하지 못한다. 또한 얼마나 멋진 미래가 기다리고 있는지 알지 못한다.

자신감은 세상을 살아가는 데 반드시 필요한 에너지이다. 이 에너지는 평상시에 주입해 버릇해야지, 한꺼번에 주입하려고 하다 보면 예상치 못했던 문제가 발생할 수 있다. '자신감이 뭔지 잘 아는 사람'과 '자신감이 넘치는 사람'은 엄연히 다르기 때문에 이 에너지의 균형을 잘 잡아 줘야 한다.

고등학교 때 한탄강으로 친구들과 함께 놀러간 적이 있다. 운동을 잘하던 친구가 있었는데 수영만은 젬병이었다. 그래서 수영을 잘하는 친구가 반나절 남짓 개인 교습을 해 주었다. 워낙 운동신경이 뛰어난 친구인지라 이내 능숙한 솜씨로 헤엄치기 시작했다.

우리는 진심으로 감탄해서 "야, 잘 하는데!" 하고 말했다. 그러자 그 친구는 빙그레 웃으며 "이론을 아니까 별것도 아니네!" 하며 더욱 신이 나서 헤엄을 쳤다.

그 당시 한탄강은 바닥이 고르지 못했다. 자신만만하던 친구가 물이 얕은 줄 알고 수영을 멈췄는데 바로 그곳엔 깊은 구덩이가 있었다. 당황한 친구는 수영하는 방법을 완전히 잊어버리고 허우적거렸다. 만약 우리가 구하지 않았더라면 익사할 수도 있는 상황이었다.

자신감은 어찌 보면 수영하고 비슷하다. 머리가 아닌 몸으로 체득해야만 언제 어디서든 유용하게 써먹을 수 있다. 스스로 자신감이 부족하다고 느낀다면 1년 정도 '자신감 갖기 프로젝트'를 짠 뒤, 작은 목표들을 하나씩 실천해 나가는 게 좋다.

꾸준하게 자신감을 쌓아 두면 뜻하지 않은 행운이 찾아오기도 한다. 영국의 시인 존 드라이든은 일찍이 '행운은 용감한 자의 친구'라는 사실을 꿰뚫어 보지 않았던가.

수철은 평상시 자신감을 쌓는 데 실패한 케이스이다. 이런 경우에는 일단 타인과의 비교를 멈춰야 한다. 스티브 잡스의 동영상을 보거나 팀장의 프레젠테이션 과정을 떠올려 보는 건 별다른 도움이 되지 않는다. 그 사람들의 장점 위로 나의 단점이 오버랩 되기 때문에 오히려 심리적으로 위축된다.

채택된 기획안이 안 좋은 평가를 받으면 어떡하나, 하는 걱정 따위는 일단 접어라. 미래란 맑은 물속처럼 훤히 들여다볼 수 있는 게 아니다. 경우의 수가 한 가지만 틀어져도 예측과는 전혀 다른 결과가 나오는 게 미래이다.

비록 과거에 수많은 실패를 했더라도 이 점만은 명심할 필요가 있다. 현재의 나는 실패의 끝에 서 있는 게 아니라는 사실을. 날줄과 씨줄처럼 수많은 실패와 성공으로 이루어진 층계를 차근차근 밟고 올라와서 지금 이 자리에 서 있다는 것을. 그러므로 지금의 나는 과거의 나보다 훨씬 더 현명해졌고, 훨씬 더 용감해졌다.

자, 이제 카드를 뽑을 시간이다. 프레젠테이션을 실패하고 싶은가, 성공하고 싶은가?

성공적으로 끝내고 싶다면 기억의 카드 뭉치에서 가장 잘해 냈던 순간을 뽑아야 한다. 자신감을 갖고 과감하게 행동했고, 그 결과 들려오던 승리의 함성, 그 순간 온몸으로 퍼져나가던 전율을 눈을 감고 충분히 음미하라.

그런 다음 에머슨의 명언을 기억하라.

"나 자신에 대한 자신감을 잃으면 온 세상이 적이 된다."

자신감을 가져라! 그러면 온 세상이 내 편이 되리니.

자신감 100배 배양술

연습 11

하나, 내가 자신감이 부족한 이유를 찾아본다.
가난으로 인한 열등감에서 비롯된 건지, 나보다 뛰어난 형제가 있어서 늘 비교당하다 보니 자신감이 떨어진 건지, 소극적인 성격 때문에 뒤로 물러서다 보니 자신감이 점점 더 떨어진 건지 등을 분석해 본다.

둘, 내가 이루고 싶은 꿈과 자신감과의 상관관계를 찾아본다.
막연하게 자신감을 키우기보다는 강력한 동기부여를 해야 자신감을 키울 수가 있다. 어떤 꿈이든 간에 자신감이 없다면 결코 이룰 수 없다. 꿈을 이루기 위해서는 지금부터 자신감을 키워야 한다는 사실을 나 스스로 확실하게 인지할 필요가 있다.

셋, 자신감을 키우기 위한 프로젝트를 짜서 실행에 옮긴다.
프로젝트는 6개월이든, 1년이든 일정한 시간을 정해 놓고 시작하는 게 좋다. 생각으로만 프로젝트를 짜면 잊어버리거나 흐지부지되기 쉬우니 종이에다 구체적으로 적어야 한다. 프로젝트를 하나씩 실행해 나가다가 중간중간에 나에게 상을 주면 더 잘하게 된다.

넷, 소극적인 태도를 적극적인 태도로 바꾼다.
내가 나서지 않으면 세상은 아무도 날 기억해 주지 않는다. 평상시 소모임에서라도 의견을 정확히 발표하고, 노래방에 가면 못하는 노래라도 자발적으로 불러라. 작은 모래알이 쌓이고 쌓여서 강 하구에서 모래톱을 이루듯이 작은 성취감이 이루어져 자신감이 된다.

다섯, 실수에 대해 둔감해진다.
너무 잘하려고 하거나 완벽을 추구하다 보면 결과에 신경 쓸 수밖에 없다. 결과에 민감해지다 보면 몸과 마음이 저절로 움츠러든다. 결과보다는 그 과정 자체를 편하게 즐겨라. 만약 실수했다면 좋은 추억을 쌓았다고 생각하고 이내 잊어버려라.

여섯, 꾸준하게 운동한다.

무슨 운동이든 꾸준하게 하면 몸에 활력이 넘치고 자신감이 생긴다. 뇌에서 도파민이 분비되어 기분이 좋아지기 때문에 평상시에는 어렵던 일도 쉽게 느껴진다. 운동은 얽히고설킨 세상의 복잡한 문제를 풀어주는 키(Key)이다.

일곱, 봉사 활동을 한다.

대가를 바라지 않는 봉사 활동은 인생 전반에 걸쳐 즐거움을 준다. 자기만 생각하는 사람이 아닌, 타인을 위해 보탬이 되는 사람이라는 자각은 자존감을 높여 주고, 이러한 자존감은 다시 자신감으로 이어진다.

내성적인 사람이란
감추는 사람이 아니라
마음의 움직임이 느린 사람이다

●

진성은 클래식 동호회 정기 모임에 참석했다. 연주회를 관람하고 뒤풀이 장소인 커피숍으로 갔다. 낯선 사람들 사이에서 버려진 부대 자루처럼 앉아 있는데 반가운 얼굴이 다가왔다.

"브람스 님, 오랜만이네요. 그동안 잘 지내셨나요?"

클라라가 환하게 웃으며 인사를 건넸다. 마치 구세주라도 만난 듯 반가웠다.

사실 진성이 클래식 동호회에 가입한 것도 그녀 때문이었다. 클라라는 직장 동료의 대학 동창인데 우연히 같이 식사를 한 적이 있었다. 진성은 첫눈에 반했고, 그녀의 권유에 못 이기는 척 가입했다.

무슨 이야기를 해야 그녀의 호감을 살지 몰라서 차만 홀짝거리고 있는데, 바그너가 다가왔다.

"우와, 모처럼 만에 뮤즈의 여신이 등장하셨네!"

바그너는 자연스럽게 합석했고, 특유의 쾌활함과 재치로 이내 자리를 떠들썩하게 만들었다. 클라라는 연신 웃음을 터뜨렸지만, 그녀의 모습을 훔쳐보는 진성의 마음은 무겁기만 했다.

두 사람의 대화를 묵묵히 듣고 있다 보니 마치 자신이 유령이 된 기분이었다. 진성은 슬쩍 자리를 빠져나와 집으로 향했다. 중요한 시험을 한순간의 실수로 망쳐 버린 것처럼 기분이 엉망이었다.

'좋은 기회였는데⋯⋯. 왜 이렇게 나는 사교성이 없는 걸까?'

● ●

세상에는 두 부류의 사람이 있다.

마음의 중심축이 몸 안에 있는 사람과 몸 밖에 있는 사람. 전자를 내향적인 성격, 후자를 외향적인 성격을 지녔다고 말한다. 대인 관계의 중요성이 부각되는 사회 분위기 때문에 외향적인 성격이 조명을 받기는 하지만 어느 쪽의 성격이 더 좋거나 나쁘다고 판단할 수는 없다. 나름대로 장단점이 있기 때문이다.

내향적인 사람의 장점은 집중력이 좋고, 인내력이 강하며, 말과 행동이 신중해서 신뢰감을 준다. 단점은 매사에 자기중심적인 데다 실행력이 부족하다.

외향적인 사람의 장점은 사교성이 좋고, 적응력이 뛰어나며, 사소한 문제에 얽매이지 않아서 일을 빠르게 추진하는 능력이 있다. 단점은 충동적이어서 크고 작은 실수를 저지르기도 하고, 자신의 능력을 과대평가해서 화를 자초하기도 한다.

2004년 대한상공회의소에서 국내 CEO 200명(그중 120명이 응답)을 대상으로 설문조사를 실시했는데 그 결과가 흥미롭다. CEO의 중요 덕목을 묻는 질문에 결단력(43.3%), 성실성(22.5%), 도전정신(17.5%), 친화력(10.8%), 카리스마(1.7%) 순으로 대답했다. 이 설문조사만을 놓고 본다면 CEO가 되기 위해서는 외향적인 성격이 유리해 보인다. 그러나 정작 CEO인 본인의 성격을 묻는 질문에는 45%가 양향적이라고 대답했고, 35.9%는 내향적이라고 대답했으며, 외향적이라고 대답한 비율은 19.1%에 불과했다.

일반 상식으로 생각해 보면 리더십과 도전 정신을 갖춘 외향적인 사람이 성공 비율이 높을 것 같지만 실제로는 내향적인 사람의 성공 비율이 더 높다. 그런데 문제는 성격으로 인한 스트레스이다. 외향적인 사람은 자신의 성격 때문에 스트레스를 받지 않지만 내향적인 사람은 성격 스트레스가 이만저만이 아니다.

"너는 왜 이렇게 친구가 없니?"

내향적인 사람은 초등학교에 입학하면서부터 성격 스트레스를 받는다. 외향적인 사람은 자신을 정상인이라고 생각하기 때문에 성격에 대해 집착하지 않으나 내향적인 사람은 자신에게 문제가 있는 게 아닌가 하는 의심을 하며 자란다.

'왜 이렇게 나는 사교성이 없을까?'

성격 스트레스는 실질적인 손해로 이어질 때 극대화된다.

좋아하는 사람을 편하게 대하지 못해 외향적인 성격을 지닌 친구에게 빼앗겼을 때, 필기에서는 우수한 성적을 받았는데 번번이 면접을 망쳐서 취업에 실패했을 때, 아이디어를 제시한 건 난데 엉뚱한 사람이 가로채 갈 때, 업무 능력은 형편없는 친구가 상사의 비위를 잘 맞춰서 승진할 때 등등.

성격 스트레스는 나이를 먹는다고 해서 사라지는 게 아니다. 사교성 부족은 장년기 이후의 불행으로 이어진다. 하버드 대학교 연구팀이 1930년대 말에 입학한 2학년생 268명의 삶을 72년 동안 추적한 「성인발달연구」에 따르면, 47세 즈음에 형성된 따뜻한 인간관계가 50세 이후의 행복에 깊이 관여하고 있다고 한다.

물론 내향적인 사람이라고 해서 따뜻한 인간관계를 맺지 못한다는 건 아니다. 오히려 더 깊은 인간관계를 맺을 수도 있지만 문제는 그 대상이 몇 명 되지 않는다는 점이다. 또한 오랜 벗이 죽었을 때 외향적인 사람보다 충격에서 벗어나는 데 시간이 오래 걸리고, 새로운 친구를 사귈 확률 또한 낮아서 장년기 이후를 살아가는 데 있어서도 불리하다.

그렇다고 외향적 성격을 마냥 부러워할 필요는 없다. 외향적인 사람은 사교성이 뛰어나서 이성의 마음을 쉽게 사로잡지만 밖으로 나돌기 때문에 바람을 피우거나 가정을 소홀히 할 가능성이 높다. 거기다가 미국 메릴랜드주 월터리드육군연구소 행동생물학센터 심리학자인 트레이시 루프 박사 팀의 연구에 따르면, 외향적인 사람은 내향적인 사람보다 뇌에서 피로감을 많이 느껴 잠도 쉽게 들지 못하고, 수면의 질도 떨어진다고 한다.

가장 좋은 성격은 장점을 극대화하고 단점을 보완해서 형성된 '양향적 성격'이다. 자기계발에 적극적인 계층 가운데 하나가 CEO이다. 한 번의 실수로 인해서 기업 자체가 먼지처럼 사라져 버릴 수도 있기 때문에 CEO들은 자기계발을 게을리할 수 없다. 위의 설문조사에서 CEO 가운데 45%가 본인의 성격을 '양향적'이라고 대답했다는 것은 자신이 원래 지니고 있던 성격의 단점을 꾸준히 보완해왔음을 의미한다.

사회생활의 기본은 대인 관계이다. 세일즈맨을 뽑는 자리가 아니더라도 면접관들은 적극적인 성격의 외향적인 인간을 선호한다. 진취적인 인간형이 조직에 활력을 불어넣고, 성과를 높일 수 있다고 판단하기 때문이다.

　내향적인 인간의 가장 큰 취약점 가운데 하나가 대인 관계이다. 무슨 죄를 지은 것도 아닌데 낯선 사람을 만나면 표정도 몸도 빳빳하게 굳는다. 특히 면접을 보는 자리라면 그 증상은 한층 더 심해진다. 행여 실수라도 할까 봐 전전긍긍하다 보면 입술이 창백해지고 손은 떨리고 머릿속은 하얗게 빈다.

　반면 외향적인 인간은 눈동자를 반짝이며 물 만난 고기처럼 자신의 매력을 한껏 발산한다. 면접 점수로만 뽑는다면 승패가 분명하다. 단지 성격이 내향적이라는 이유 하나만으로 사회에 첫발을 내딛는 순간, 쓰디쓴 고배를 마시게 된다.

　심리학에서는 '낯가림'을 자기방어의 일종으로 보고 있다. 두려움과 공포로부터 자신을 지키기 위한 일종의 울타리라 할 수 있다. 그런데 나를 보호하기 위한 울타리가 오히려 나를 불행하게 만든다면 울타리를 걷어내야 한다. 물론 한순간에 울타리를 모조리 걷어내라는 건 아니다. 충분한 시간을 두고 천천히 걷어내면 된다.

　성격은 텔레비전이나 소파와 달라서 한 번에 교체할 수는 없다. 그러나 의지만 있다면 단점을 보완할 수 있다. 자신이 내향적인 성격인데 '왜 이렇게 나는 사교성이 없는 걸까?' 하고 자책까지 하고 있다면, 유대계 미국인 정신분석가인 디오도어 루빈의 명언을 기억할 필요가 있다.

"대체로 내향적인 인간은 내향적인 인간과, 외향적인 인간은 외향적인 인간과 잘 사귄다. 서로 쉽게 이해할 수 있어서 마음이 편하기 때문이다. 그러나 마음이 편하다는 것이 자신의 성장을 위해서 좋은 것만은 아니다."

연습 12
사교성을 기르는 지혜

하나, 웃으며 인사 건네기
사람과 사람 사이에는 문이 있다. 일단 문이 열려야 대화를 하고 마음을 나눌 수 있다. 직장 동료나 가까운 이웃에게 먼저 "안녕하세요!" 하고 활기차게 인사를 건네 보자. 그 다음에 할 말이 없으면 날씨 이야기를 하거나 공통된 화제를 꺼내면 된다.

둘, 상대방이 좋아하는 취미나 관심사 파악하기
처음 만나기로 한 사람이나 거래처 직원과 약속이 있으면 먼저 그 사람의 취미나 관심사가 뭔지 사전 조사를 하자. 인터넷으로 그와 관련된 정보를 습득한 뒤, 만나서 대화를 나누면 한결 자리도 편하고 호감도 살 수 있다.

셋, 먼저 전화하기
항상 친구들이 걸어오는 전화를 받기만 했다면 먼저 전화를 걸어 보자. 평상시 말하는 톤보다 2~3음 높여서 말을 건네면 목소리가 밝고 활기차게 느껴진다. 이것이 익숙해지면 일주일 이내에 만난 사람들 중에서 몇 명을 선별해서 먼저 전화를 해 보자.

넷, 소모임 활동에 참여하기
취미 활동도 할 겸 해서 사내 모임이든 외부 모임이든 소모임에 참가해 보자. 이런 모임에서는 적극적으로 참여하지 않으면 따돌림 당하기 십상이다. 뒤풀이 모임도 참석하고, 알고 있는 정보나 유익한 정보를 공부해 와서 아낌없이 교환해야 한다.

다섯, 소셜 네트워킹을 통한 인맥 구축하기
온라인은 내향적인 사람이 사교성을 기르기에 좋은 공간이다. 서로에 대해서 알고 나면 오프라인 모임에 나가기도 한결 편하다. 처음에는 어색해도 오프라인에서 몇 차례 만나고 나면 의외로 돈독한 인맥이 형성된다.

삶의 벼랑에서 나를 건지는 것은
오직 자존감이다

●

진수는 방송국에서 취직해서 다큐멘터리 PD가 되는 게 오랜 꿈이었다. 대학 4학년 때 방송국마다 입사 지원서를 넣었으나 모두 떨어졌다. 방향을 틀어서 대기업 취업을 노렸지만 그것마저도 뜻대로 되지 않았다. 재수를 할까 하다가 집안 형편도 여의치 않아서 결국 중소기업에 인턴사원으로 취직했다.

회사 일은 바빴지만 진수는 틈틈이 방송국 시험을 준비했다. 그러나 이듬해에도 탈락의 고배를 마셔야만 했다. 결국 다큐멘터리 PD의 꿈을 접고 한동안 방황하던 그는 요즘에는 동시통역사가 되기 위해서 학원에 다니고 있다.

언제부터인가 진수는 혼잣말을 중얼거리곤 한다.

"내가 하는 일이 그렇지, 뭐!"

진수는 오늘도 직장에서 퇴근하자마자 곧바로 편의점에 들러서 삼각김밥으로 간단하게 끼니를 해결했다. 지하철을 타고 학원으로 향하다가 책상 서랍 속에 학원 교재를 놓고 왔다는 사실을 떠올렸다. 되돌아가서 교재를 갖고 오기에는 시간이 턱없이 부족했다.

버럭 짜증이 밀려들었다. 진수는 주먹 쥔 손으로 사정없이 자신의 머리를 쥐어박았다.

"멍청이! 내가 하는 일이 그렇지, 뭐!"

가까스로 분노를 달랜 진수는 차창에 머리를 기댄 채 빠르게 스쳐 가는 화려한 도심의 불빛을 바라보았다. 문득, '내가 과연 동시통역사가 될 수 있을까?' 하는 의문이 들었다. 덧없이 흘러가는 세월이 아까워 학원에 등록은 했지만 동시통역사의 꿈 역시 멀게만 느껴졌다.

● ●

진수는 가끔 불행하다.

항상 불행한 것이 아니어서 진수 자신조차 불행하다는 사실을 잊고 산다. 사소한 불행이어서 방치해 둔 지도 제법 되었다. 그러는 동안 작은 불행이 알게 모르게 목조 건축물을 파괴하는 흰개미처럼 진수의 삶을 갉아먹고 있다.

불행은 과잉된 감정과 함께 찾아온다. 슬픔, 분노, 공포, 근심, 죄의식, 수치심 등과 같은 감정을 동반한다. 불행을 인지하게 되면 인체는 만약의 사태에 대비해서 비상상태에 접어든다. 교감신경에서는 스트레스 호르몬이 분비되면서 근육이 긴장하고 혈압이 오른다.

스트레스는 자신의 뜻대로 상황을 통제할 수 없을 때 밀려든다. 엄밀하게 말하면 그 상황이 스트레스를 부르는 것이 아니라, 그 상황으로 인해서 나타날 결과에 대한 두려움이 스트레스를 부르는 것이다.

예를 들어서 A와 B가 시험을 망쳤다고 가정해 보자. 두 사람의 성취욕이 비슷하다면 시험 결과에 대해 민감하게 반응하는 부모를 둔 쪽이 훨씬 스트레스가 심하다. 그래서 학생이 성적을 비관해서 자살한 경우, 부모와 주변 사람들에게도 책임이 있다.

스트레스는 삶을 스스로 통제할 수 있는 사람보다 그렇지 못한 사람이 훨씬 심하다. 혈액을 채취해서 스트레스 수치를 검사해 보면, 일과 시간을 스스로 통제할 수 있는 전문직이나 자영업자들보다 말단 샐러리맨이나 공장 노동자들의 수치가 훨씬 높다.

"내가 하는 일이 그렇지, 뭐!"라는 진수의 독백은 "내 삶은 내가 통제할 수 없는 지경에 이르렀어!"라는 고백과도 같다.

진수는 자신의 실수를 발견했을 때는 물론이고, 평상시에도 은근하게 스트레스를 받고 있는 중이다. 삶이 자신의 의도대로 흘러가지 않는 데 대한 불만, 이런 상황이 계속 이어질 경우에 동시통역사 시험마저 떨어질 거라는 불안감이 진수의 잠재의식을 지배하고 있다.

그러나 아직까지 최악의 상황은 아니다. 진수의 삶은 통제 가능한 범위 안에 있지만 모래알처럼 조금씩 손아귀를 빠져 나가고 있는 중이다.

지금 진수에게 시급한 일은 나를 사랑하고 스스로를 가치 있는 존재로 여기는 마음, 즉 자존감을 높이는 일이다. 나를 사랑한다는 것은 곧 나의 삶 자체를 사랑한다는 것이다. 삶은 야생마와 같아서 사랑해야만 길들일 수 있다. 나를 사랑하지 않는다면 언젠가는 야생마의 뒷발에 호되게 차이게 된다.

자존감이 높은 사람은 과거의 실패를 인정하고 받아들인다. 그래야 정확한 현실 인식을 지닐 수 있고, 새로운 미래를 준비할 수 있기 때문이다.

세상 사람들은 저마다 꿈을 꾸지만 어릴 때부터 간직해 왔던 꿈을 이루는 사람은 많지 않다. 간절히 원하면 이루어진다고 하지만 반드시 그런 것은 아니다. 상황이 바뀌면 꿈도 바뀌게 마련이다.

세상일이 처음 의도했던 대로 안 풀린다고 해서 자책하거나 실망할 필요는 없다. 마릴린 먼로는 사진모델이 되고 싶어 했지만 영화배우가 되었고, 박지성은 야구 선수가 되고 싶었지만 결국 축구 선수가 되었다.

스탠퍼드 대학교의 존 크럼볼츠 교수가 성공한 기업인 1,000명을 대상으로 성공 원인을 분석한 자료도 흥미롭다. 애초 계획했던 대로 성공을 거둔 사람은 25%에 불과하고, 우연한 기회에 성공을 거둔 사람이 무려 75%에 이른다.

미래는 럭비공 같은 것이다. 예측했던 방향으로 튀기도 하지만 전혀 예측하지 못했던 방향으로 튀기도 한다. 그래서 비록 지금의 삶이 힘들고 불만족스럽다 할지라도 살아볼 만한 가치가 있는 것이다.

'나'는 무한한 가능성이다. '나'를 낮추거나 비난하지 마라! 비록 애초의 꿈에서 멀어졌다고 해도 아낌없이 격려해 줘라. 우리는 마라톤대회 도중에 넘어졌다가 다시 일어나 달리는 선수에게 어떤 반응을 보이는가? 비난 대신에 응원의 박수를 보내지 않는가!

중요한 것은 다시 일어나 달리는 것이다. 주어진 일에 최선을 다해서 달리다 보면 처음에 기대했던 성공을 뛰어넘는 놀라운 성공을 거두기도 한다.

'내가 하는 일이 그렇지, 뭐!'라는 생각을 가끔이라도 한다면 자존감을 높여라.

나를 사랑하라!

삶 그 자체를 사랑하라!

삶은 자신을 미워하는 사람에게는 미움을, 사랑하는 사람에게는 사랑을 되돌려 준다. 자존감이 낮은 사람은 평생 실패를 머리에 이고 살고, 자존감이 높은 사람은 패배를 밑거름 삼아서 멋지게 일어선다. 훌훌 털고 일어나서 다시 달려라!

연습 13
자존감 높이는 법

하나, 현실을 인정한다.
현실을 있는 그대로 인정해야 마음의 갈등을 종식시키고 평화를 얻을 수 있다. 폭격이 끝나고 전쟁이 종식되어야만 그 땅에 멋진 건물을 지을 수 있다.

둘, 타인의 시선에 대범해진다.
사람들은 저마다 세상을 바라보는 기준이 있다. 그들의 기준에 일일이 맞추려다 보면 나란 존재는 갈기갈기 찢겨 먼지처럼 사라지고 만다. 나의 일과 외모와 개성을 존중하자.

셋, 완벽에 대한 집착을 버린다.
모든 일을 완벽하게 처리하려고 하면 할수록 세상살이가 힘들어진다. 완벽하게 처리하지 못했다고 실망하지 말고, 최선을 다한 나를 자랑스러워하자.

넷, 긍정적인 언어를 사용한다.
뇌는 언어를 현실처럼 받아들이는 특징이 있다. 부정적인 언어를 사용하면 '나'가 할 수 있는 일이 하나도 없고, 긍정적인 언어를 사용하면 '나'가 할 수 없는 일이 하나도 없다.

다섯, 목표를 향해 달려가는 나를 응원한다.
한창 시합중인 선수에게 큰 힘이 되는 것은 비난이 아닌 따뜻한 격려이다. 실수를 했다 하더라도 격려하고 응원하다 보면 훨씬 멋진 시합을 펼칠 수 있다.

쓸모없는 걱정의 공통점은
절대로 일어나지 않는다는 것이다

●

"회의 시간마다 도대체 무슨 생각을 하기에 넋 놓고 앉아 있는 거야? 할 수만 있다면 뇌 속에 한번 들어가 보고 싶어!"

팀장의 말에 채린은 고개를 푹 숙였다. 채린은 사흘 전 거래처에 나갔다가 업무상 사소한 실수를 저질렀다. 거래처 사람에게 입막음을 단단히 했음에도 불구하고 자꾸만 그 일이 머릿속에서 맴돌았다.

'그 친구 입이 가벼워 보이던데……. 설마 팀장에게 알리는 건 아니겠지?'

시간이 지나면서 걱정은 구르는 눈덩이처럼 제 몸을 불렸고, 마침내 직장에서 해고되는 장면을 떠올리기에 이르렀다.

'아, 내가 도대체 무슨 생각을 하고 있는 거야?'

채린은 생각을 전환하기 위해서 남자 친구의 휴대전화로 전화를 걸었다. 세 번이나 했으나 받지 않아서 사무실로 전화했더니 외근을 나갔다고 했다.

'왜 내 전화를 피하는 거지? 혹시 다른 여자가 생긴 건 아닐까?'

일주일 전 친구들과 함께 만났을 때, 평상시와 달리 헤프게 웃던 모습이 떠올랐다. 한번 의심하기 시작하자, 이내 의심이 꼬리에 꼬리를 물고 이어졌다.

동료들하고 점심을 먹으러 갔는데, 너무 신경을 쓴 때문인지 음식이 잘 넘어가지 않았다. 채린은 식사를 반도 못 하고 먼저 사무실로 돌아왔다.

양치질을 하다가 문득 괜한 걱정을 하고 있다는 생각이 들었다. 걱정에서 벗어나기 위해서 "케 세라 세라!" 하고 주문을 외웠지만 소용이 없었다. 남자 친구에 대한 불신은 바이러스처럼 빠르게 뇌를 점령해 나갔다.

퇴근 무렵 남자 친구에게서 전화가 왔다. 물건은 배에 실었는데 신용장에 문제가 있어서 정신없이 뛰어다니느라 연락을 못 했다며 몹시 미안해했다. 걱정은 눈 녹듯 사라졌으나 이미 체력은 바닥날 대로 바닥난 뒤였다. 채린은 비로소 현실을 직시했다.

'어떡하지? 일을 제대로 끝낸 게 하나도 없잖아. 어쩔 수 없이 오늘도 야근이네.'

● ●

'걱정'이란 과거에 이미 발생한 일이나 미래에 발생할지도 모르는 일을 미리 생각해서 해결 방법을 모색하려는 마음의 움직임이다. 사람들이 저마다 걱정거리를 끌어안고 사는 이유는 걱정하고 있는 동안은 오히려 불안감이 덜하기 때문이다.

걱정은 전전두엽, 변연계, 기저신경절과 깊은 연관이 있다. 전전두엽은 사고력과 창의력을 관장하는 곳으로, 전전두엽의 발달은 인간을 다른 동물과 구분 짓는 데 결정적인 역할을 했다.

인간의 뇌는 무게가 1.3~1.5kg으로 몸무게의 2~2.5%에 불과하다. 그러나 뇌는 전체 산소 소비량의 30%가량을 차지한다. 인간의 뇌는 꾸준히 진화해 왔는데 그중에는 걱정의 공로도 적지 않다.

오래전, 원시 인류는 날씨가 추워지면 겨울을 날 걱정을 했다. 그래서 그들은 미리 장작과 식량을 비축했다. 마침내 매서운 겨울이 닥쳤고 눈이 내렸다. 그들은 동굴 속에서 눈이 멈추지 않으면 어떡하나 걱정했고, 또 봄이 영영 찾아오지 않으면 어떡하나 걱정했다.

걱정에는 해결할 수 있는 고민이 있고 해결할 수 없는 고민이 있다. 해결할 수 있는 고민은 장작과 식량을 비축하듯 구체적인 행동을 함으로써 극복할 수 있다. 문제는 '눈이 멈추지 않고 계속해서 내리면 어떡하나?', '봄이 영영 찾아오지 않으면 어떡하나?'와 같이 쉽게 해결할 수 없는 고민이다. 그러나 이런 고민은 시간이 지나면 저절로 해결된다.

우리가 하는 걱정의 70%는 절대로 일어나지 않거나, 이미 일어난 일에 대한 것이다. 22%는 해도 그만 안 해도 그만인 사소한 걱정이다. 4%는 우리가 걱정을 한들 어찌할 수 없는 일에 관한 것이고, 단지 나머지 4%만이 걱정하고 대안을 실천함으로써 바꿔 놓을 수 있는 제대로 된 걱정이다.

인간은 경험과 지혜를 총동원하면 미래를 조금은 예측할 수 있다. 따라서 실천함으로써 바꿔 놓을 수 있는 4%의 걱정은 삶의 질을 꾸준히 향상시켜 왔다. '이렇게 놀면 보나마나 중간고사를 망칠 거야.', '이대로 가면 이번 달 실적은 내가 꼴찌야.', '시합에서 트리플 악셀을 하다가 넘어지면 어떡하지.' 하고 걱정하다 보면, 걱정이 현실이 되지 않도록 미리 대비하게 된다.

문제는 걱정이 지나칠 경우이다. 실험 결과, 운동선수가 경기를 앞두고 '중요한 실수를 하면 어떡하지?' 하고 걱정하면 실제로 현실화될 확률이 높다고 한다. 지나친 걱정은 자신감 부족, 의욕 부진, 집중력 저하를 가져오기 때문이다.

그러나 미리 걱정해서 그에 대한 대비를 철저히 한 선수는 정작 경기에서는 걱정하지 않는다. 우리는 김연아 선수가 점프를 하기 위해 날아오를 때마다 '넘어지면 어떡하지?' 하고 마음 졸인다. 그러나 정작 당사자인 김연아 선수는 그런 걱정은 하지 않는다. 이미 충분한 훈련을 통해서 그에 대한 대비를 했기 때문에 자신을 믿고 경기를 치른다. 설령 경기 도중 넘어져도, '다시 또 넘어지면 어떡하나?' 하고 걱정하지 않는다. 앞의 실수는 잊어버리고 평상시 연습했던 대로 경기를 치르기 위해 집중할 뿐이다.

걱정은 김연아 선수처럼 해야 한다. 그런데 대다수는 그와 정반대로 한다. 걱정하고 대비해야 할 때는 시간을 나태하게 흘려보내고, 정작 집중해서 주어진 일에 전념해야 할 때는 걱정을 하고 있다.

과다한 걱정은 심장병, 위궤양, 당뇨병 등 수많은 질병과 가까운 친구이다. 또한 걱정을 많이 하는 사람은 치아 상태도 좋지 않다는 연구 결과도 나왔다. 충치가 생기면 곧바로 치과에 찾아가면 될 텐데, 온갖 걱정을 하며 차일피일 미루다 치료가 어려운 지경에 이른 뒤에야 치과를 찾기 때문이라고 한다.

걱정을 많이 하는 사람들의 심리 저변에는, 미래에 생길 일을 미리 걱정함으로써 그 일이 현실화되었을 때 받을 충격을 반감하려는 의도가 숨어 있다. 또한 미리 걱정하고 있으면 왠지 조금은 해결된 것 같은 착각과 안도감에 빠지게 된다.

그러나 그들은 약간의 위안을 얻는 동안 가장 소중한 '현재'를 놓치고 있다. 우리에게 가치 있고 소중한 순간은 미래가 아닌 현재이다. 현재를 살면서 미래에 대한 걱정 때문에 행복을 느낄 여유가 없다면, 우리는 영원히 행복할 수 없다. '미래의 행복'은 추상적 개념이지 현실이 아니고, 현실이 될 수 없기 때문이다.

4%에 해당하는 걱정만 해도 충분하다. 'SNS에 빠져서 이렇게 시간을 낭비하면 내가 원하는 꿈을 이루지 못할 거야.', '아무리 3년 뒤에는 독립할 계획이라지만 이렇게 나태하게 직장생활을 하는 건 부끄러운 인생이야.' 등등에 말이다.

앞의 채린의 경우처럼 96%에 해당하는 쓸데없는 걱정을 하느라 소중한 '현재'를 무가치하게 사용해서는 발전이 없다. 그런 걱정은 노년에 정 할 일이 없을 때, 살아온 날들을 회상하며 천천히 해도 늦지 않다.

만약 걱정이 지나치게 많고 어떤 걱정이 4%에 해당하는지 모르겠다면, 하루에 30분이라는 시간을 정해 놓고 걱정을 집중적으로 하는 것도 좋은 방법이다. 네델란드 연구팀이 근심과 걱정 때문에 다양한 정신 질환을 앓고 있는 환자 62명을 대상으로 '하루 30분씩 걱정하기'를 실험해본 결과, 환자들은 온종일 걱정을 달고 살던 때에 비해서 심신의 상태가 현저히 좋아졌다고 한다.

걱정은 또 다른 걱정을 낳는다. 사소한 걱정 때문에 현재의 순간에 충실하지 못하다면, 수첩을 들고 다니다가 걱정이 떠오를 때마다 적어 보라. 그런 다음 곧바로 그 걱정을 잊어버려라.

그래도 걱정이 머릿속을 떠나지 않는다면 남은 방법은 단 하나뿐이다. 종교를 가져 보라. 그리고 걱정이 생길 때마다 이렇게 기도하라.

"신의 뜻대로 하소서!"

연습 14

사소한 걱정 퇴치술

하나, 걱정이 떠오를 때마다 메모한다.
메모를 통해 아이디어를 저장할 수 있고, 집중을 방해하는 훼방꾼을 제거할 수도 있다. 아이디어나 해야 할 일이 떠오를 때 메모하듯이 걱정이 떠오르면 빠짐없이 메모하라. 그런 다음 일단 잊어라. 하루를 마감할 때 확인해 보면 대부분 쓸데없는 걱정이었음을 알게 된다.

둘, 실천에 옮긴다.
걱정만 하고 있는 것보다 당장 실천에 옮기는 게 좋을 때가 있다. 이가 아프면 병원에 가고, 택시를 타고 가는데 도로가 막히면 전동차로 갈아타고, 업무상 실수를 했으면 상사에게 보고하라. 걱정을 깔아뭉개고 앉아 있으면 걱정이 조만간 나를 통째로 삼키게 된다.

셋, 대화를 나눈다.
대다수 걱정은 관계의 단절에서부터 시작된다. 당사자를 만나 대화를 나누다 보면 별것 아니었음을 깨닫기도 하고, 해결책을 발견하기도 하고, 관계를 확인하면서 걱정이 스르르 소멸하기도 한다. 걱정이 실제 크기보다 비대해지기 전에 대화를 시작하라.

넷, '걱정 시간'을 정한다.
하루 종일 걱정하느라 아까운 시간을 허비하지 말고, 걱정이 떠오르면 메모해 두었다가 하루에 10분이든 30분이든 한꺼번에 몰아서 걱정을 하라. 알람이 울리고 '걱정 시간'이 끝나면 맑고 깨끗한 정신으로 돌아와서 창조적인 일을 시작하라.

다섯, 종교를 갖는다.
온갖 방법을 동원했음에도 불구하고 걱정이 사라지지 않는다면 종교를 가져라. 신은 우리에게 축복은 내려 주며 걱정은 거두어 간다. 걱정이 파도처럼 밀려오면 기도하라. 걱정은 전지전능한 신에게 내려놓고 현재, 이 순간을 충실히 살아라.

아무것도 하지 않는 자에게
삶은 숙제일 뿐이다

다솔은 건축사 사무소에 근무하는 6년차 인테리어 디자이너이다. 서른을 코앞에 두고 있는 다솔은 흘러가면 돌아오지 않을 20대를 이렇게 허망하게 흘려보낼 수 없다고 자탄하면서 새로운 반란을 꿈꾸고 있다. 그러나 차마 용기가 나지 않아서 어떻게 해야 할지 심각하게 고민 중이다.

'위 학생은 성격이 차분하고 성실함.'

초등학교부터 대학교까지 생활기록부를 떼어 보면 평가들이 거의 비슷하다. 개근상을 놓쳐 본 적이 없고, 부모님이나 선생님 말씀을 크게 어겨 본 적도 없다. 대학에 가서는 그 흔한 클럽 한번 가 보지 않았다.

어른들은 성실하다고 표현하지만 사실은 용기가 없어서였다. 심한 몸살감기에 걸렸을 때에도 학교에 간 이유는 결석하면 큰일 나는 줄 알았기 때문이었고, 클럽에 가지 않은 이유도 거부감 때문이라기보다는 행여 나쁜 일을 당할까 겁이 났기 때문이었다.

다솔은 여행 관련 서적을 즐겨 읽고, 여행 다큐멘터리 프로그램을 좋아한다. 그러나 이제껏 혼자 여행을 떠나 본 적이 없고, 혼자 떠나는 모습을 상상해 본 적조차 없다.

그런데 한 달 전이었다. 퇴근길 지하철에서 20대 초반의 배낭 여행족을 보았다. 작은 체구에 금발머리를 지닌 그녀의 파란 눈과 마주치는 순간, 밑도 끝도 없이 '나도 배낭여행을 한번 떠나 볼까?' 하는 생각이 들었다. 더도 말고 1년만 세상을 떠돌아다니고 나면 '순둥이 같았던 나의 인생'을 사랑할 수 있을 것만 같았다.

친구들에게 속마음을 털어놓자 '에이, 네가?' 하는 식의 반응이 돌아왔고, 7년째 교제 중인 애인은 '우리 결혼 언제 하느냐?'는 물음으로 해석했는지, 조금만 더 기다려 달라고 말했다. 가족들은 적극적으로 만류했다. 배낭여행은 위험한 데다 얻는 것보다 잃는 것이 너무 많다며.

다솔은 정말 20대가 가기 전에 '순둥이 같았던 나의 인생'에 반란을 꾀하고 싶었다. 지금 변신하지 못하면 영원히 못할 것을 예감했기 때문이다. 다솔은 어떤 결정도 내리지 못한 채 하루하루를 살얼음판을 걷는 듯 두려움 속에서 살고 있다. 지금까지 그래 왔듯이 모처럼의 반란이 찻잔 속의 태풍으로 끝날까 봐 두렵고, 모든 것을 뒤로 하고 정말로 훌훌 떠나게 될까 봐 두렵다.

● ●

용기를 말할 때 흔히 '첫 번째 펭귄(The First Penguin)'을 예로 든다. 남극의 펭귄들은 생애의 절반은 뭍에서 보내고 절반은 바다에서 보낸다. 뭍에서 생활하다가 먹이를 구하기 위해 바다로 이동하지만 막상 뛰어드는 데는 용기가 필요하다. 바다에는 맛있는 크릴새우, 오징어, 물고기 들만 있는 것이 아니다. 자신들이 들어오기만을 호시탐탐 노리고 있는 범고래와 바다표범 같은 무시무시한 천적들이 물속에서 기다리고 있다. 서로가 눈치를 보며 주저하고 있을 때, 첫 번째 펭귄이 바다로 뛰어들면 다른 펭귄들도 기다렸다는 듯이 일제히 바다로 뛰어든다. 이 첫 번째 펭귄은 우리가 무언가를 얻으려면 위험을 감수해야 한다는 메시지를 전해 주고 있다.

세렝게티 초원에 건기가 찾아오면 누 떼를 필두로 해서 얼룩말, 가젤 등의 초식동물들이 물과 풀을 찾아서 대이동을 시작한다. 사자와

표범, 치타, 하이에나 같은 육식동물들이 기다리고 있는 길목을 지나 마라(Mara) 강에 도달하면 이번에는 악어 떼가 군침을 삼키며 기다리고 있다. 펭귄들은 천적을 볼 수 없지만 누 떼들은 물 위에 눈만 내놓고 떠 있는 악어들을 볼 수 있기 때문에 공포심이 극대화된다. 서로 눈치만 보다가 첫 번째 누가 강물로 뛰어들면 다른 누들도 일제히 뛰어들기 시작한다. 그들 중 일부는 마라 강의 급류에 휩쓸려가고, 일부는 악어의 먹잇감이 된다. 이처럼 초식동물들의 대이동 역시 원하는 것을 얻는 과정에는 어느 정도의 희생이 따른다는 메시지를 전해 주고 있다.

코스타리카에 서식하는 바실리스크 도마뱀은 밝은 초록색 몸체에 노란 눈을 지니고 있다. 물 위를 걷기 때문에 '예수 도마뱀'으로도 불린다. 그러나 그들도 처음부터 물 위를 걷지는 못했으리라. 물가에서 놀다가 뱀과 같은 천적으로부터 습격을 받았을 때, '첫 번째 바실리스크 도마뱀'이 혼비백산해서 달아나다가 물 위를 달리기 시작했고, 그것이 계기가 되어 계속 진화하다 지금에 이르렀음을 추정해 볼 수 있다. 진화는 결코 생존에 유리한 것을 버리는 법이 없으므로! 이처럼 바실리스크 도마뱀은 우리에게 위기를 슬기롭게 극복하기 위해서는 도전 정신이 필요하다는 메시지를 전해 준다.

자연은 불확실성에 따른 위험을 감수하고, 어느 정도의 희생을 각오하며, 도전 정신을 발휘하는 것이 진정한 용기라고 가르쳐 준다.

그것이 위대한 자연의 법칙이고, 생명의 법칙이다.

화창한 봄날, 다솔과 나는 대청호가 내려다보이는 찻집에서 차를 마시며 많은 이야기를 나눴다. 그 뒤 일주일쯤 지나서 다솔은 최종 결론을 내렸다. 후손들에게 순종과 순응으로만 가득 찬 유전인자를 물려 줄 수 없다며, 생애 최초로 용기를 내보겠노라고 했다.

본격적인 준비에 들어간 다솔은 석 달 뒤, 주변을 정리하고 정말로 배낭여행을 떠났다. 핑크빛 환상에 젖어서 출발했던 여행은 고난의 연속이었다. 인도에서는 백주 대낮에 카메라를 강탈당했고, 베트남에서는 여권이 든 배낭을 분실했고, 중국에서는 숙박업소에다 보증금으로 맡긴 돈을 두 차례나 돌려받지 못했고, 필리핀에서는 카누가 뒤집혀서 하마터면 익사할 뻔했다.

직장은 그만뒀고, 애인과는 결별하다시피 했고, 통장의 잔고는 바닥이 났고, 이 밖에도 헤아릴 수 없을 만큼 수많은 재앙을 겪었지만 14개월 만에 돌아온 다솔은 무척 행복해 보였다. 여행담을 들려주는 다솔의 눈동자는 은하수처럼 빛이 났고, 입술은 즐거움을 감추지 못해서 수시로 꽃망울 같은 웃음을 터뜨렸다.

어리석은 사람들은 무슨 일을 시작해 보지도 않고서, 나중에 후회할까 봐 두려워한다. 그러나 현명한 사람들은 알고 있다. 겉보기에는 별 볼 일 없어 보이는 동굴도 막상 들어가 보면 상황이 완전히 달라진다는 것을. 비록 입구는 좁을지라도 동굴 안은 넓기 마련이고, 여러 가지 상황에 직접 부딪히다 보면 동굴을 나설 때는 나름 배운 것도 있고 깨달은 것도 있다는 생각이 들기 때문에, 후회하는 경우는 극히 드물다.

다솔은 건설경기 부진으로 재취업을 못해서, 선배가 하는 카페에서 아르바이트로 서빙을 하고 틈틈이 요가, 사진 촬영 같은 취미 활동을 즐기며 유럽 여행을 꿈꾸고 있다. 다솔은 지금도 자신의 선택이 옳다고 믿고 있고, 여행을 떠나기 전보다 삶이 풍요로워졌다고 말한다.

많은 이들이 '용기'는 '용기 있는 자들의 산물'이라고 착각한다. 거기에 대해서 저널리스트 출신의 CEO인 월터 앤드슨은 이렇게 반박한다.

"용기는 두려움 없이 생기지 않는다. 용기는 두려움의 산물이다."

연습 15
용기, 실속 있게 충전하기

하나, 우물쭈물하지 말고 일단 시작한다.
생각은 빗방울 같아서 생각이 많아지면 몸이 점점 무거워진다. 시작이 반이라고 하지 않던가. 인간의 뇌란 사용하기 나름이어서, 아무리 감당하기 힘든 일도 일단 저질러 놓고 보면 미처 예상치도 못한 해결책을 찾아내기도 한다.

둘, 얻게 될 것에만 집중한다.
인간은 천 원을 얻는 것보다 천 원을 잃는 것에 더 전전긍긍한다. 손실에 대한 두려움에 사로잡히면 용기를 낼 수 없다. 손실은 잊고 성공했을 때 얻을 이익에만 집중하라. 시간이 흘러서 돌아보면 잃은 것은 아무것도 없음을 깨닫게 된다.

셋, 나 자신을 믿는다.
나에 대한 믿음은 일종의 뿌리이다. 뿌리가 굳건해야 나무가 바람에 흔들리지 않는다. 두려움과 망설임은 나 자신에 대한 불신 때문이다. 나를 믿으면 내가 시작한 일이 잘 풀리고, 나의 미래가 낙관적임을 믿게 된다.

넷, 벼랑 끝에 나를 세운다.
배부른 사자는 사냥하지 않고, 새장의 새는 높이 날려고 하지 않는다. 아무것도 잃을 게 없는 사람은 얻을 일만 남았고, 더 이상 내려갈 곳이 없는 사람은 올라갈 일만 남았다. 더 이상 물러날 데가 없으면 전력을 다해서 싸우게 된다. 벼랑 끝에 나를 세워라.

다섯, 시선을 바꿔 본다.
현미경으로 들여다보면 개미 한 마리도 무섭다. 작은 것에 대한 집착이나 소심함 때문에 용기를 내지 못하고 있다면 시선을 바꿔라. 임종 직전의 나의 시선으로 바라보고, 후손의 시선에서 바라보고, 전 인류의 시선에서 바라보라.

여섯, 도움을 요청한다.

작은 장애물 때문에 용기를 잃어서는 안 된다. 자본금 혹은 전문가의 도움이 필요한 상황이라면 주저하지 말고 손을 내밀어라. 용기란 에너지이다. 내 안의 에너지와 외부의 에너지가 합쳐지면 놀라운 힘을 발휘한다.

일곱, 마음이 내키지 않으면 깨끗이 포기한다.

주변에서는 해 보라고 권유하지만 마음이 내키지 않으면 깨끗이 포기하는 게 좋다. 시작하는 것도 용기지만 아니다 싶으면 과감하게 포기하는 것도 용기이다. 미련 없이 포기하고 나면 다시금 새로운 일에 도전해 보고 싶은 용기가 생긴다.

순간의 작은 격려가
위대한 성취를 낳는다

4학년 여름방학이 되자 친구들은 모두들 취업 준비로 분주했다. 입학한 지가 엊그제 같은데 벌써 졸업이라니 도무지 실감이 나지 않았다.

창욱은 호숫가에 앉아서 곰곰이 지난 4년을 돌아보았다. 대학생활을 시작하면서 이런저런 결심을 했던 기억이 났다. 그런데 의욕에 넘쳐서 시작했던 수많은 도전들은 모두 어디로 간 걸까? 아무리 기억을 더듬어 보아도 끝까지 해낸 일은 하나도 없었다.

'왜 이렇게 나는 의지가 약한 걸까? 이런 정신 상태로 사회에 나가

서 도대체 무슨 일을 할 수 있을까?'

무거운 돌더미에 깔린 듯 가슴이 답답했다. 이대로 졸업한다면 훗날 대학생활을 돌이켜 볼 때마다 후회할 것 같았다. 창욱은 유종의 미를 거두기 위해서라도 한 가지만은 반드시 실천하고 졸업해야겠다고 다짐했다.

'뭘 할 수 있을까? 아니, 뭘 하고 싶은데?'

일단 하고 싶은 일들을 종이에 모두 적었다. 그런 다음 하고는 싶지만 현실적으로 불가능한 일들과 사회인이 되어서도 할 수 있는 일들을 하나씩 지워 나갔다.

'그래! 사회에 나가면 보나마나 시간에 쫓기게 될 거야. 시간적인 여유가 있을 때 좋아하는 책이나 실컷 읽자.'

남은 여름방학을 계산해 보니 70일 남짓이었다. 창욱은 200권의 책을 읽기로 목표를 세웠다. 300페이지 안팎의 책을 2권 읽고, 머리도 식힐 겸 얇은 시집이나 수필집을 1권 읽으면, 하루에 3권은 가능할 것 같았다.

다음 날부터 창욱은 도서관으로 출근했고, 책을 읽고 나면 간단하게나마 독후감을 썼다. 새벽부터 밤늦게까지 책만 읽었지만 처음에는 2권 읽기도 벅찼다. 그러나 하루하루 날짜가 지나다 보니 책 읽는 요령이 붙으면서 3권은 거뜬했다. 어떤 날은 5권까지도 읽었다.

8월 말이 되어서 창욱은 독서록을 펼쳐 놓고 몇 권이나 읽었는지 세어 보았다. 모두 205권이었다. 그동안 목표만 세웠지 달성한 적이 거의 없었는데 목표를 달성하고 나니 자신감과 함께 투지가 불타올랐다.

다시금 대학생활을 찬찬히 되돌아보았다. 약간의 아쉬움은 남지만 후회 없는 대학생활이었다는 생각이 들었다. 「끝이 좋으면 다 좋아」라는 셰익스피어의 희곡 제목처럼 이제는 졸업해도 될 것 같다는 생각이 들었다.

• •

사람들은 목표를 달성하지 못하고 중간에 포기하게 되면 자신의 의지력을 탓한다. 그러나 실패 원인을 뜯어보면 목표 설정 자체가 잘못된 경우가 태반이다. 중간에 그만두게 되는 데는 다섯 가지 이유가 있다.

첫 번째, 동기 부족이다.

목표를 세우고 시작할 때는 누구에게나 그 일을 해야 하는 이유가 있다. 동기가 절박하거나 강력한 경우에는 포기한다는 것 자체가 쉽지 않다. 온갖 유혹을 뿌리치고서 끝끝내 목표를 달성해 낸다. 그러나 동기 자체가 돌처럼 단단하지 못한 경우, 시간이 지나면 점점 희석되어서, 작은 유혹 앞에서도 쉽게 포기하게 된다.

두 번째, 타인의 강요로 마지못해 시작한 경우이다.

스스로 세운 목표가 아니라면 달성하기 힘들다. 타인의 강요에 의해서 시작하면 처음 한동안은 잘하다가도, 강제력이 사라져 버리면 더 이상 그 일을 계속해야 할 필요성을 느끼지 못하기 때문에 이내 포기하게 된다.

세 번째, 목표가 무모한 경우이다.

평상시 성적이 중하위권인 학생이 "다음 학기에 전교 1등을 한다!"를 목표로 정했다면 중간에 포기할 가능성이 높다. 한밤중에 길을 잃고 헤매다 불빛을 발견했는데 가도 가도 가까워지는 느낌이 들지 않으면 결국 포기하게 되는 것처럼, 목표는 너무 높아도 안 되고, 너무 낮아도 안 된다. 내가 지닌 역량의 90% 이상을 발휘했을 때 이룰 수 있는 정도로 잡는 게 좋다.

네 번째, 목표가 막연한 경우이다.

이번 달 목표를 "최선을 다해서 일한다."고 잡는다면 그야말로 뜬구름 잡는 식이 된다. 일을 얼마만큼 해야 최선인지 알 수 없기 때문에 타협의 가능성이 늘 열려 있다. 목표는 최대한 구체적으로 잡아야 한다. "자동차를 열 대를 판매한다."거나 "지난달보다 실적을 7% 올린다." 등으로 잡아놓고 세부 전략을 짜면 목표를 달성할 수 있다.

다섯 번째, 자신감이 부족하기 때문이다.

목표를 세워 놓고, '의지력이 약한 내가 과연 할 수 있을까?' 하고 자신의 존재를 '의지박약아'라고 규정한다면 반드시 실패한다. 비록 실패 경험이 많더라도 '이번에는 반드시 할 수 있어. 나도 한다면 하는 사람이야!'라고 자신감을 가지면 성공 가능성이 높다.

자신감은 인정을 받거나 칭찬을 받으면 쑥쑥 자란다. 인간 중심 경영으로 유명했던 코스메틱스 회장인 메리 케이 애쉬는 "인간은 돈과 섹스 외에 좋아하는 것이 두 가지 더 있다. 그것은 바로 인정과 칭찬이다."라고 말했다. 목표를 이루기 위해서는 중간 과정에서 나의 인정이나 타인의 인정이 있어야 한다. 이러한 인정은 칭찬으로 이어지고, 칭찬은 자신감으로 이어져 마침내 목표를 달성하게 한다.

앞의 사례는 나의 경험이다. 1980년대 중반에 대학을 다녔는데 그 당시는 사회적으로 혼란스러운 시기였다. 어떤 학기에는 수업을 들었던 시간보다 민주화운동을 하기 위해 집회에 참석하거나 거리에서 소비한 시간이 더 많았을 정도였다.

짧은 대학시절을 정신없이 보내고 졸업을 눈앞에 두니 허탈했다. 비싼 등록금 낸 것도 억울한데 몸에도 좋지 않은 최루가스만 실컷 마시고서 졸업할 수는 없었다. '도대체 대학에 와서 뭘 배웠나?' 싶어서 시작한 게 '200권 책 읽기'였다.

독서를 많이 하지 않는 사람의 입장에서 보면 목표가 다소 무모해 보일 수도 있다. 그러나 나는 어려서부터 책 읽기를 좋아했다. 대학에 와서도 꾸준하게 읽어 왔기 때문에 목표를 다소 높게 잡을 수 있었다.

솔직히 고백하자면 모든 책을 정독하지는 않았다. 어떤 책은 '속독'으로 읽었고, 어떤 책은 일부를 건너뛰기도 했다. 거기다가 500페이지가 넘는 인문서나 철학서는 2권으로 계산했다. 겉으로 드러난 목표는 '200권 읽기'였지만 감춰진 진정한 목표는 '좋아하는 책을 실컷 읽기'였기 때문에 책이 두껍다는 이유로 기피할 가능성을 사전에 제거했다.

2개월 하고도 10일을 꼬박 책에 파묻혀 지냈는데 이때의 경험은 그 뒤의 인생을 살아나가는 데 큰 힘이 되었다. 돌이켜 보면 내 인생에서 가장 행복하고도 유익한 시기였다. 나는 지금도 "좋은 책은 좋은 친구와 같다."는 생피에르의 의견에 전적으로 공감한다.

"시작이 반이다"라는 속담이 있다. 목표 설정만 제대로 하고 시작한다면 반만큼의 가치는 충분히 얻는다. 나머지 반은 온갖 유혹과의 싸움이다. 앤드류 매튜스가 지적한 것처럼.

"그 무엇도 직선으로 움직이지 않는다. 어떤 목표도 좌절과 방해를 겪지 않고 이루어지는 법은 없다."

연습 16
슬기롭게 목표 달성하는 법

하나, 목표를 설정하기 전에 나의 사명과 목적에 부합되는지 검토한다.

생명은 짧고 세상에 할 일은 많다. 인생은 그 무엇과도 바꿀 수 없는 소중한 목숨을 사용하며 하루하루를 살아간다. 간단한 목표라 할지라도 내가 진정으로 원하는 것이 아니면 아예 시작하지 마라. 반드시 그 일을 해야만 하는 분명한 이유가 있는지, 먼저 검토하라.

둘, 목표는 한시적으로, 명확하고, 구체적으로 세운다.

시작이 있으면 끝이 있어야 한다. 끝이 없는 목표는 가야 할 방향을 잃게 만들고 방황하게 만든다. 기간이 긴 경우에는 장기, 중기, 단기로 설정한 뒤 세부적으로 나누어야 한다. 수시로 측정 가능하게끔 숫자로 나타내야만 계속해서 집념을 불태울 수 있다.

셋, 실천하고, 기록하고, 검토하고, 조정한다.

목표가 설정되었으면 실천에 옮기되, 과정을 꼼꼼하게 기록하라. 미래란 인간의 계획대로 진행되지 않는다. 작은 변수에도 계획 자체가 틀어지기 때문에 수시로 검토한 뒤, 중간 목표를 조정해야 한다. 본격적인 궤도에 진입하기 전까지 긴장의 끈을 늦춰서는 안 된다.

넷, 방해물을 사전에 제거하고, 2차 대안을 마련한다.

인간은 유혹에 쉽게 빠지는 존재이다. 나의 취약점을 미리 감안해서 방해물을 사전에 제거해 두는 게 현명하다. 또한 환경의 변화 등으로 1차 대안을 실행할 수 없을 경우를 대비해서 2차 대안을 마련해 둔다면 계속 목표를 향해 전진할 수 있다.

다섯, 성취감을 느낄 수 있도록 보상 효과를 활용한다.

중기 목표나 단기 목표를 이룰 때마다 나에게 칭찬을 해 주고 상을 주면 자심감도 붙어서 더 잘하게 된다. 성취감을 느끼면 뇌에서 베타 엔돌핀이 생성된다. 쾌감이 찾아오기 때문에 뇌는 계속 그 기분을 느끼기 위해서 다음 목표에 집중하게 된다.

중독은
시간과 청춘을 잡아먹는
블랙홀이다

진원이 주식을 처음 접한 것은 대학교 3학년 때였다. 선배의 오피스텔에 들렀다가 주식 투자로 짧은 시간에 손쉽게 돈 버는 광경을 목격했다. 강한 호기심을 느낀 진원은 어학연수를 떠나려고 모아둔 돈과 어머니에게 빌린 돈을 합쳐 주식 매매를 시작했다.

처음에는 책에서 권하는 대로 저평가된 종목을 선별해서 중장기 매매를 했는데 수익이 쏠쏠했다. 수익금으로 등록금을 내고, 친구들에게 간간이 술도 사 주고 하다 보니 '나에게 투자에 대한 남다른 감각이 있는 건 아닐까?' 하는 생각마저 들었다.

그러나 기쁨은 오래가지 못했다. 서브프라임 모기지 사태로 주가가 폭락하자 진원이 보유하고 있던 주식은 순식간에 반 토막이 났다. 그 순간, 한 가지 깨달음이 머릿속을 스쳤다.

'오를지 내릴지 모르는 주식을 중장기로 보유하는 건 위험한 거구나!'

주식을 전부 처분한 뒤, 그날 사서 그날 파는 데이트레이딩(Day Trading)을 하기 시작했다. 수익과 손실이 매일 확정되니 중장기 매매하던 때와는 또 다른 재미가 있었다. 애초 계획은 빈 강의 시간에 1~2시간만 매매하려 했는데 점점 빠져 들었고, HTS(Home Trading System)를 들여다보느라 강의를 빼먹는 시간도 점점 늘어만 갔다.

졸업 시즌이 되자 친구들은 직장을 구하기 위해 원서를 넣는 한편 취업설명회다, 취업박람회다 해서 정신없이 뛰어다녔다. 그러나 진원은 컴퓨터 앞을 떠날 수 없었다. 시장은 늘 열리고 주식 투자는 언제든지 할 수 있으니, 기회가 있을 때 취업을 해야 한다는 생각이 들었으나 그저 마음뿐이었다. 눈은 여전히 HTS를 향하고 있었다. 자신도 모르는 사이에 '매매 중독자'가 된 것이다.

정신없이 매매를 하다가 문득, 미래에 대한 불안감이 밀려오면 진원은 이렇게 위안했다.

'직장생활을 해서 언제 돈을 모아? 더도 덜도 말고 하루에 1%만 수익을 내자! 복리로 쌓이면 백만장자가 되는 건 시간문제야!'

세월은 빠르게 흘러서, 대학을 졸업한 지도 어느새 4년이 지났다. 그러나 계좌의 돈은 불어나기는커녕 오히려 적자였다. 그동안 수없이 깡통을 차다가 근래 들어서야 잃었다, 땄다를 반복하고 있기 때문이었다.

진원은 예전처럼 미래를 낙관하지도 않았고, 마술 같은 복리의 힘도 믿지 않았다. 시장은 늘 변하기 때문에 복리로 매일 수익이 늘어난다는 것은 이론상으로나 가능하다는 사실을 경험을 통해서 깨달았기 때문이다.

주식 시장이 열리지 않는 주말이 되면 진원은 우울하다. 난파선처럼 몸도 마음도 깊고 깊은 심해 속으로 한없이 가라앉는다.

삶은 정상 궤도를 벗어난 지 오래였다. 진원은 언제부터인가 망망대해에 떠 있는 하나의 섬이 되었다. 가족들과도 가급적 마주치지 않고 방에서만 생활했다. 관심사가 다르다 보니 친구들과도 점점 멀어져 외톨이가 되었다. 직장을 다니거나 사업하는 친구들은 이미 결혼했거나 결혼을 준비 중이었다. 그러나 진원은 돈도 없고 내세울 만한 직업도 없다 보니 결혼은 꿈도 못 꾸는 처지였다.

데이트레이더는 애초부터 원했던 삶이 아니었다. 매매 중독에 빠져들다 보니 여기까지 온 것뿐이었다.

'만약 4년 전으로 다시 돌아갈 수 있다면……'

매매 중독에 빠져들기 시작했던 시절을 잠시 생각해 보다가 이내 머리를 흔들었다. 이제 와서 후회해 봤자 비참해질 뿐 달라질 건 아무것도 없다는 사실을 잘 알기 때문이었다.

● ●

"자신의 날갯짓만큼 더 높이 나는 새는 없다."
영국의 낭만주의 시인인 윌리엄 블레이크의 말이다.
20대는 더 멀리, 더 높이 날기 위해서 열심히 날갯짓을 해야 한다. 온종일 날갯짓을 하다 보면 몸은 피곤하지만, 미지의 세계에 대한 동경과 설렘 때문에 밤잠을 설치기도 한다.
그러나 세상은 날갯짓만 하고 있도록 가만히 놓아두지 않는다. 무시하고 지나쳐 버리기에는 아름답고 매력적인 유혹들이 주변에 널려 있다. 오디세우스처럼 밀랍으로 귀를 막고, 쇠사슬로 돛대에 몸을 묶지 않는다면 사이렌의 노래에 홀려서 유혹의 바다에 뛰어들 수밖에 없다.
학문은 열심히 배워 두면 참으로 유익한 날갯짓이다. 학생들은 학교에 다니며 수많은 지식에 대해 배우지만 단 하나, 학문의 즐거움만은 배우지 못한다. 학교는 학문하는 데 가장 중요한 알맹이를 쏙 빼고서 학생들을 가르치고 있는 셈이다.
학문의 즐거움은 자발적으로 공부할 때 마음 깊은 곳에서 우러난다. 그런데 대다수 학생들은 학문의 즐거움을 맛보기도 전에 학교와 학원가를 밤늦게까지 전전하며 공부의 지긋지긋함부터 맛보게 된다. '새로운 것을 배우고 익힐 때의 즐거움'이 뭔지도 모르는 채 이분법적인 사고방식에 젖어든다.

- 공부 = 재미없지만 해야 하는 것. 왜? 출세하기 위해서!
- 공부 외의 것들 = 재미있지만 하지 말아야 하는 것. 왜? 출세하기 위해서!

이로 인한 병폐 또한 적지 않다. 정작 학문의 즐거움을 만끽하며 본격적으로 비상을 준비해야 할 대학에 들어가면 온갖 유혹에 빠져서 허우적거리기 바쁘다. 외국 명문대에 진학한 학생들 중에서 한국인 낙제생이 유독 많은 이유도 이 때문이고, 높은 교육열에도 불구하고 노벨상 수상자가 배출되지 않는 까닭도 이 때문이다.

심리학에서는 반대할수록 애정이 더 깊어지는 현상을 '로미오와 줄리엣 효과'라고 한다. 주변에서 하지 말라고 하는 것일수록 더 재미있고 짜릿하게 느껴진다. 중독성이 짙은 각종 유혹들은 하나같이 사회나 부모가 만류하는 것들이다. 거기다가 점점 늘어만 가는 청년 실업은 젊은이들을 좌절하게 하고, 유혹에 쉽게 빠져들게 한다.

포르노 중독, 주식 매매 중독, 게임 중독, 클럽 중독, 채팅 중독, 알코올 중독, 카페인 중독, 니코틴 중독, 약물 중독, 연애 중독, 텔레비전

중독, 인터넷 중독, 휴대전화 중독, 마약 중독, 도박 중독, 홈쇼핑 중독, 탄수화물 중독, SNS 중독…….

처음 유혹에 빠질 때는 대다수가 대수롭게 여기지 않는다. '단지 기분 전환을 하기 위한 거야. 마음만 먹으면 언제든지 빠져나갈 수 있어!' 하며 자신만만해 한다. 그러나 생각처럼 유혹의 그물망은 허술하지 않다.

포르노나 도박 등을 즐길 때면 뇌에서 도파민이나 옥시토신 같은 신경전달물질이 분비된다. 평상시보다 기분이 좋아지기 때문에 계속 찾게 되고, 중독이 심해질수록 뇌에서 요구하는 강도도 점점 강해진다. 결국 뇌는 블랙홀과도 같은 암흑 속으로 빨려 들어가게 되고, 제정신을 차렸을 때는 수많은 세월이 흘렀거나 폐인이 된 뒤이다.

청년 실업의 증가와 함께 누구나 간편하게 사용할 수 있는 HTS가 널리 보급되면서, 진원처럼 주식 중독에 빠진 청춘들이 빠르게 늘고 있는 추세이다. 대학가는 물론이고 학원가에서도 주식 이야기를 주고받는 청춘들을 쉽게 접할 수 있다.

물론 주식 투자가 나쁘다는 것은 아니다. 한국거래소가 2011년 말 주식 보유 현황을 조사했는데, 주식에 투자한 사람은 무려 528만 명이었다. 경제활동인구 5명 가운데 1명이 주식 투자를 하고 있는 실정이다. 투자 인구수는 역대 최다인데 앞으로도 계속 늘어날 전망이다.

주식 투자는 자본 증식 수단의 하나이다. 잘만 활용한다면 훌륭한 재테크 수단이 될 수 있다. 그런데 문제는 수많은 젊은이들이 '가능성의 문'을 모두 닫아 놓은 채 오로지 주식 투자에만 몰두하고 있다는 점이다.

언론에서는 일은 하기 싫은데 돈은 벌고 싶은 게 요즘 젊은이들의 심리라고 말한다. 그러나 내가 만난 젊은이들은 그렇게 가볍지만은 않았다. 그들은 세상이 그렇게 호락호락하지 않다는 사실을 너무도 잘 알고 있었다.

오늘날 수많은 젊은이들이 주식에 몰두하게 된 데는 사회적인 책임도 적지 않다. 진원처럼 자발적으로 주식 투자를 하다가 매매 중독자가 된 경우도 있지만, 심각한 취업난으로 일자리를 구하지 못하다 보니 주식으로 눈을 돌린 경우도 많다.

그러나 아무리 힘든 상황이라고 하더라도 무언가에 중독되어서 인생의 황금기를 허비해서는 안 된다. 설령 지금은 한 치 앞이 안 보이는 암흑 속이라 하더라도 내 앞에 주어진 일에 최선을 다해서 살아갈 필요가 있다. 그러다 보면 어느 한순간, 성공의 문 앞에 서게 된다.

어떤 중독이든 처음에는 심각하지 않다. '이 정도쯤이야, 뭐!' 하며 안이하게 생각하기 쉽다. 그러나 그 순간에 서 있는 곳이야말로 가장 위태로운 자리이다. 수많은 폐인들이 서 있던 출발점 역시 바로 그 자리였기 때문이다.

청춘은 짧다. 인생 선배에게서 들었던 것보다 짧고, 예상했던 것보다 훨씬 더 짧다. 중독에 빠져서 허우적거릴 시간이 없다. 중독은 시간과 행복의 블랙홀이다. 그 안으로 빨려 들어가면 청춘은 물론이고 건강과 인생까지도 송두리째 잃게 된다. 심한 경우 가족 전체를 불행하게 만든다.

별것 아니라고 방심하지 않기를. 언제든지 그만둘 수 있다고 자신하지 말기를. 대도시를 황폐화시켜 버리는 태풍도 한 줄기 바람에서 시작된다. 거대한 댐도 미세한 균열로 인해 붕괴된다.

심각한 위험을 느꼈을 때는 이미 돌이킬 수 없는 상황이다. 더 늦기 전에 중독에서 벗어나야 한다. 지금 당장, "그래, 여기까지!"라고 외쳐 보자. 그리고 비록 힘들더라도 힘차게 날갯짓을 시작해 보자.

많은 이들이 잊고 살지만 사람의 등 뒤에는 보이지 않는 날개가 있다. 어떤 이들은 한 번도 펴 보지 못한 채 허망하게 생을 마치기도 하고, 어떤 이들은 멋진 날개를 한껏 펼친 채 멋지게 날아다니며 아름다운 생을 만끽한다.

삶이란 선택이다. 어떤 삶을 살아가느냐 하는 것은 오로지 나의 선택에 달려 있다.

연습 17
빠르게 중독에서 벗어나기

하나, 내가 중독이라는 사실을 인정한다.
'그것'으로 인해 정상적인 생활을 할 수 없다면 중독이다. 중독, 그 자체를 내가 인정해야만 적절한 치료 방법을 찾을 수 있다.
자존심이나 그동안 쏟아 부은 시간 때문에라도 부인하고 싶겠지만 쿨하게 인정하라. 그대가 아직 가 보지 못한 멋진 인생을 위해서!

둘, 주변 사람에게 내 의지를 밝힌다.
주변 사람 앞에서 '그것'을 끊겠다는 의지를 표명한다. 떠벌리다 보면 사람들의 시선도 있고, 스스로 약속을 지키기 위해서라도 노력하게 된다.
타인에게 나의 약점을 드러내는 일 같아서 내키지는 않겠지만 그래도 여기저기 떠벌려라. 약점을 감추려는 자는 약자이다. 강자는 아프더라도 약점을 드러내고, 그걸 발판 삼아서 새로운 도약의 기회로 삼는다.

셋, 환경을 바꾼다.
중독을 제공하는 익숙한 상황에서 벗어나야 한다. 변화된 생활 패턴을 완전히 바꿔서 중독되기 이전의 생활 패턴을 되찾을 필요가 있다.
인간은 환경의 동물이다. 어떤 환경에서도 쉽게 적응하며 살게끔 진화해 왔다. 변화보다는 안정을 추구하는 성향이 강해서 환경을 바꾸기까지는 많은 어려움이 따른다. 그러나 일단 바꾸고 나면 예전의 생활 패턴으로 어렵지 않게 돌아갈 수 있다.

넷, 도움이 되는 사람을 가까이한다.
'그것'을 끊는 데 도움이 되는 사람과 도움이 안 되는 사람을 분류한다. 도움이 안 되는 사람은 멀리하고 도움이 되는 사람은 자주 접촉해야 한다.
가까웠던 사람과의 이별은 쉽지 않다. 특히 휴대전화 같은 정보기기가 발달한 사회에서는 더욱 그렇다. 중독에 빠진 대상과 약간만 관련되어 있는 그림만 봐도 반응하는 게 인간의 뇌이다. 일단 뇌를 환기시켜야만 전체적인 상황을 파악할 수 있고, 인생에서 무엇이 소중한지 판단할 수 있다.

다섯, 전문기관의 도움을 받는다.

전문가에게 손을 내미는 것은 부끄러운 일이 아니다. 진짜 부끄러운 것은 중독에서 벗어나야겠다고 생각하면서도 계속 그 세계에 머물러 있는 것이다.

인간은 약해 보이지만 한없이 강한 존재이다. 물론 그대도 강한 존재였다. '그것'에 중독되기 전까지는. 그러나 지금은 아니다. 전문가에게 손을 내밀어라. 다시 강한 존재로 태어나기 위해서! 그대의 짧은 청춘과 한 번뿐인 인생을 위해서!

우월한 존재보다는
특별한 존재가 낫다

태훈은 중학교 때 도로에서 자전거를 타다가 교통사고를 당했다. 그 후유증으로 걸을 때면 한쪽 다리를 약간씩 절었다. 그 때문에 중고등학교 때는 친구들에게 놀림을 당하기도 했다.

대학에 다니면서도 신체에 대한 열등감은 좀처럼 사라지지 않았다. 여자들이 자신을 바라보면 동정의 눈길을 보내는 것만 같아서 기분이 언짢았고, 남자들이 바라보면 얕잡아 보는 것만 같아서 기분이 나빴다.

태훈은 열등감을 극복하기 위해서 이를 악물고 공부했고, 우수한 성적으로 졸업했다. 그러나 취업이 생각처럼 잘되지 않았다. 최종 면접에서 계속 떨어지자 태훈은 그 원인을 자신의 불편한 다리 때문이라고 판단했다.

'그래! 정상적인 사람처럼 보일 필요가 있어.'

태훈은 거울 앞에서 최대한 멀쩡하게 걷는 연습을 한 뒤에 면접을 보러 갔다. 그러나 결과는 최악이었다. 너무 긴장한 나머지 면접실로 들어설 때 다리를 평상시보다 심하게 절었고, 면접관의 질문에도 계속 다리에 신경 쓰느라 제대로 대답하지 못했다.

태훈은 육교를 건너다가 멈춰 서서 두 다리로 멀쩡하게 걸어 다니는 사람들을 한동안 바라보았다. 갑자기 뼛속 깊이 한기가 스며들었고, 눈물이 주르륵 흘러내렸다. 마치 혼자만 외계에서 불시착한 이방인이 된 기분이었다.

● ●

살다 보면 누구나 한 번쯤은 열등감에 사로잡히기 마련이다. 특히 매스 미디어가 발달한 사회에서 사는 현대인은 열등감으로부터 자유로울 수 없다. 과거에는 비교 대상이 평범한 이웃이었지만 지금은 언론에 오르내리는 거물급들을 상대해야 하기 때문이다.

얼마 전 미국 ABC TV의 인기 리얼리티 프로그램인 「배첼러」를 우연히 본 적이 있다. 방송은 사회적으로 성공한 독신남이 매주 여러 명의 여성과 데이트를 즐기다가 최종적으로 이상형인 여성에게 구혼하는 형식으로 진행된다. 시청률에 민감한 제작진이 각별히 신경 써서 선별했겠지만 프로에 출현하는 남성은 큰 키에 잘생기고, 돈 많은 건 기본이었다. 가문 좋고, 매너 좋고, 영리하고, 운동 잘하고, 유머러스하기까지 해서 그 프로를 보고 나니 '같은 남성인데 난 대체 뭐야?'라는 생각이 들어서 몹시 우울했다.

열등감이란 타인과 비교하여 정신적·신체적 결점을 갖고 있으며, 이로 인해 스스로를 가치 없는 존재라고 생각하는 의식적 혹은 무의식적인 감정을 의미한다. 미국의 맥스웰 말츠 박사는 "적어도 지구인의 95%가 열등감을 느끼며 살고 있다."라고 말할 정도로 열등감은 다수가 안고 있는 문제이다.

열등감은 종류도 워낙 다양해서 타인에게는 사소한 문제로 치부되기도 하지만 당사자인 나에게는 너무 큰 아픔이다. 그러나 어떤 유형의 열등감이든 장기간 보유하게 되면 결국은 몸도 마음도 병들게 된다.

인간의 뇌는 평균 1,000억 개의 뉴런으로 이루어져 있다. 이 뉴런들은 무엇을 배우고 어떤 생각을 하느냐에 의해서 새롭게 생성되기도 하고 사멸하기도 한다. 과학자들에 따르면 인간은 하루에 약 6만 가지 생각을 한다고 하니, 1.44초마다 한 가지씩 생각하는 셈이다.

그런데 놀랍게도 6만 개의 생각 중 새로운 생각은 5%에 불과하고, 95%는 어제나 그제에 했던 것과 똑같은 생각을 한다는 사실이다.

새로운 학문을 배우면 그와 관련된 뉴런이 생성되듯이 열등감에 대해서 생각하다 보면 그와 관련된 뉴런들이 계속 생성된다. 열등감과 관련된 뉴런의 활동이 활발해지면 자신감과 관련된 뉴런의 활동이 급격히 위축된다. 결국은 나의 강점마저도 열등감 속에 묻혀, 나 자신이 더없이 무가치하게 느껴진다.

그럼 열등감을 어떻게 해결해야 하는가?

모든 두려움은 그것을 직시함으로써 해결할 수 있다. 두렵다고 도망가면 평생 노예로 살아야 한다. 빛보다 빠른 속도로 도망가면 되지 않느냐고? 천만에! 아무리 빠른 발을 가진 인간이라 하더라도 자신의 뇌로부터 도망칠 수는 없다.

열등감은 불행이지만 이를 극복하면 행복이 되기도 한다. 세계 인명 대사전에 위대한 웅변가로 소개되어 있는 그리스 아테네의 데모스테네스(BC 384~BC 322, 고대 그리스의 웅변가이자 정치가)는 말더듬이었다. 그는 자신이 말을 더듬는다는 사실을 인정하고, 끝없는 노력을 통해서 열등감을 강점으로 바꾸었다.

그와 비슷한 현대 인물로는 캐나다의 전 총리인 장 크레티앵이 있다. 그는 어렸을 때 청력 손실을 입었으나 집안이 가난해서 제때 치료하지 못하는 바람에 안면근육 마비증세가 있다. 말이 어눌했지만 변호사가 되었고, 정계에 입문하여 국민의 사랑을 받았으며 그에 힘입어 총리를 세 번이나 지냈다.

앞에서 사례로 든 태훈의 경우에도 신체적 열등감과 정면으로 마주설 필요가 있다. 면접을 볼 때 굳이 감추려고 하기보다는 현재의 다리 상태에 대해 사실대로 이야기하고, 신체적 열등감을 극복하기 위해서 쏟아왔던 노력과 남다른 각오를 밝히는 쪽이 더 좋은 점수를 받지 않을까 싶다.

사실 신체적 열등감으로 겪는 아픔은 경험해 보지 않은 사람은 이해하기 힘들다. 그러나 조금만 관심을 갖고 찾아보면 신체적 열등감을 극복한 사례는 무수히 많다.

실명한 존 밀턴은 『실락원』을 썼고, 청력을 잃은 베토벤은 교향곡 제9번을 남겼고, 궁형을 당한 사마천은 『사기』를 남겼다. 또한 시각과 청각 장애인이었던 헬렌 켈러는 작가, 정치가, 사회운동가, 교육가로서 왕성하게 활동하며 얼마나 많은 사람들을 감동시켰는가. 하마터면 자신을 열등감 덩어리로 생각하며 인생을 마칠 뻔했지만 열등감을 멋지게 극복함으로써, 1999년에 갤럽이 선정한 '20세기에 가장 널리 존경받는 인물 18인'에 당당하게 이름을 올렸다.

알렉산더, 카이사르, 잔 다르크, 나폴레옹, 소크라테스, 칸트, 니체, 단테, 파스칼, 하이네, 도스토옙스키, 바이런, 바그너, 모차르트, 루스벨트 등등. 역사 인물 중에는 열등감을 극복해서 자신의 강점으로 삼은 위인들이 무수히 많다. 열등감이 하나쯤은 있어야 위인이 될 수 있는 게 아닐까 싶을 정도로!

일찍이 아리스토텔레스는 행복에 관한 멋진 명언을 남겼다.

"행복해지느냐 그렇지 못하느냐는 결국 우리들 자신에게 달려 있다."

마치 이 명언에 화답이라도 하듯 미국의 32대 대통령인 루스벨트의 부인 엘리너 루스벨트는 이렇게 말했다.

"당신의 동의 없이는 그 누구도 당신에게 열등감을 안겨줄 수 없다."

시대는 비록 다르지만 두 사람의 명언을 종합해 보면 우리는 한 가지 귀중한 교훈을 얻을 수 있다. 짧게 정리하면 바로 이것이다.

내가 행복해지기로 마음먹는다면 열등감은 아무런 문제가 될 게 없다.

이 말을 뒤집으면 이런 내용이 된다.

내가 열등감을 느끼는 이유는 불행해지기로 마음먹었기 때문이다.

행복을 추구하는 게 인간의 본성인데 왜 당신은 불행해지기로 마음먹었는가? 그 까닭은 의식적이든 무의식적이든 열등감과의 충돌을 회피하고 있기 때문이다. 열등감 때문에 자주 우울하다면 정면으로 부딪쳐야 한다.

더 이상 불행에게 먹이를 주지 마라!

그럼에도 불구하고 우울해진다면 갑작스런 뇌졸중으로 쓰러져서 왼쪽 눈꺼풀밖에 움직일 수 없었던 장 도미니크 보비를 기억하라. 그리고 15개월 동안 20만 번 이상 눈꺼풀을 깜빡여서 쓴 『잠수복과 나비』에 나오는 문장을 떠올려라.

"고이다 못해 흘러내리는 침을 삼킬 수만 있다면 세상에서 가장 행복한 사람이다."

연습 18
열등감 퇴치술

하나, 종이에다 나의 열등감을 모두 적는다.
적과 싸우려면 적의 정체를 먼저 파악해야 한다. 나의 열등감은 무엇인지를 정확히 직시할 필요가 있다. 어떤 종류의 열등감인지, 어떤 상황에서 열등감을 심하게 느끼는지 육하원칙에 입각해서 적는다.

둘, 열등감이 싹튼 원인을 찾아본다.
열등감을 처음 느끼기 시작했을 때를 찾아보고 그 원인이 환경적인 이유, 신체적인 이유, 심리적인 이유 때문인지 복합적인 이유 때문인지 분석한다. 그런 다음 내가 열등감을 느끼는 게 타당한지 다각도로 검토해 본다.

셋, 나와 비슷한 열등감을 극복한 사례나 모델을 찾는다.
불가피한 결점이라면 이를 인정하고 받아들여라. 그런 다음 나와 같은 열등감을 지녔으나 이를 멋지게 극복해서 롤 모델로 삼을 만한 사람들을 찾는다. 똑같은 열등감이 없는 경우에는 비슷한 열등감을 극복한 롤 모델을 통해서 극복 방안을 모색한다.

넷, 열등감을 극복할 수 있는 구체적인 계획을 세운다.
계획은 거창해도 좋다. 장기·중기·단기 계획으로 세우되, 단기 계획은 반드시 실천 가능하게끔 세운다. 이때 열등감에서 눈을 떼고, 내가 좋아하고 잘하는 것을 더 잘하기 위한 계획을 세우는 것도 하나의 방법이다.

다섯, 변화에 성공한 나의 모습을 꿈꾸며 실천에 옮긴다.
성공한 나의 모습을 상상하는 것만으로도 기쁨이 샘솟고, 나에 대한 자긍심이 높아진다. 단기 계획을 행동에 옮기게 되면 열등감은 점차 약해지고, 실천을 통해서 만족과 성취감을 느끼게 되면 열등감은 소멸한다.

변명을 줄일수록
내공은 커진다

재원 씨네 부부는 맞벌이 부부이다. 한 달 전까지만 해도 네 살배기 딸아이를 유치원에 데려다 주는 일은 아내 몫이었다. 그런데 아내의 출근 시간이 갑자기 8시로 바뀌면서부터 졸지에 재원 씨의 몫이 되고 말았다.

아침 일찍 아이를 데리고 집을 나서 보지만 유치원에 도착하면 문이 닫혀 있었다. 발을 동동 구르며 유치원 관계자가 나타나기를 기다렸다가 출근하다 보니 지각하기 일쑤였다.

"죄송합니다! 누군가 제 차 앞에다 기어를 채우고 차를 막아 놓는 바람에……."

 재원 씨는 가정 문제를 회사로 끌어들이고 싶지 않아서 지각할 때마다 변명을 해 왔다. 처음 몇 번은 가볍게 넘어갔던 팀장도 얼마 전부터는 노골적으로 인상을 찡그렸다.

 '무슨 방법을 찾긴 찾아야 할 텐데…….'

 변명을 하고 돌아서면 뒤통수도 간지럽고, 얼굴이 화끈거렸다. 그러나 아무리 궁리해도 특별한 묘수가 떠오르지 않았다.

 "재원 씨, 내가 부탁한 서류 어떻게 됐어?"

 김 과장의 목소리를 듣는 순간, 눈앞이 깜깜해졌다. 재고 파악을 해서 제품별 판매 동향을 작성해서 올리라고 했던 게 자그마치 사흘 전이었다. 그런데 다른 데 정신이 팔려서 까맣게 잊고 있었던 것이다.

 "죄송합니다! 어제까지 끝내려고 했는데 친구 아버님이 돌아가셔서 지방으로 문상을 가는 바람에……."

 김 과장이 떫은 감을 씹은 표정으로 한동안 바라보다가 휙 돌아섰다. 미안한 마음에 재원 씨는 김 과장의 등 뒤에다 연신 머리를 조아렸다.

 '예전에는 안 그랬던 거 같은데……. 내가 요즘 들어 왜 이렇게 변명만 하는 걸까?'

몇 년 전, 미국의 취업 사이트 캐리어빌더에서 미국 직장인들을 대상으로 '지각했을 때 터무니없는 최악의 변명 10가지'를 조사한 적이 있다. 그동안 살아오면서 내가 했던 가장 형편없는 변명들과 비교해 보라.

1. 해고당하는 악몽을 꿨어요.
2. 아, 글쎄 회사에 도착해서 보니 잠옷 차림이지 뭐예요? 그래서 다시 집에 가서 옷을 갈아입고 왔죠.
3. 고양이가 밤새 끙끙거려서 동물 병원에 다녀오느라…….
4. 회사에 와 보니 사장님이 출근 전이시더라고요. 그래서 찾으러 나갔다 온 거예요!
5. 슈트에 맞는 넥타이가 없지 뭐예요? 어쩔 수 없이 가게 문이 열리길 기다렸죠.
6. 오는 길에 야생동물을 치었어요. 수습하다 보니 그만…….
7. 샌드위치를 사려고 가게에 들렀는데 강도가 든 거예요! 경찰 조사가 끝날 때까지 기다려야만 했죠.
8. 운전 도중에 벌에 물렸어요. 일단 차를 갓길에 세워야지 어떡하겠어요?
9. 출근하는데 바지가 흘러내리지 뭡니까? 어쩔 수 없이 다시 집에 갔다

왔어요.

10. 아, 글쎄 제 아들이 애완견을 변기에 넣고 물을 내려 버린 거예요. 강아지를 구조하다 보니 그만…….

　인간은 떳떳하지 못한 일로 양심의 가책을 느끼게 되면 그럴듯한 이유를 들어서 자신의 행동을 합리화하려고 한다. 이렇게 위협으로부터 자기 자신을 지키기 위해 무의식적으로 선택하는 생각 및 행동 방식을 심리학 용어로 '방어기제'라고 한다.

　『이솝우화』에 등장하는 「여우와 신 포도」 이야기는 방어기제 중 하나인 합리화에 대해서 잘 보여 주고 있다. 포도송이가 너무 높은 곳에 달려 있어서 따먹을 수 없음을 깨닫게 된 여우는 "저건 분명 신 포도일 거야!"라고 자신을 위로하며 돌아선다.

　세상에는 먹음직스러운 포도송이가 넘쳐 난다. 그러나 아무리 발버둥 친다 한들 나의 능력으로 딸 수 없는 포도송이들이 대부분이다. 그래서 인간은 여우처럼 시도해 보지도 않고 쉽게 포기한다. '그림의 떡이야!'라고 자신을 위로하며.

　쉽게 포기하는 게 인간이지만 그럼에도 불구하고 대다수 사람들이 자신을 평균 이상이라고 생각하며 살아가고 있다. 평균 이상의 매력·성실성·창조력·정직성·인내심 등을 가지고 있다고 믿는다. 이러한 믿음을 '워비곤 호수 효과(미국의 풍자 작가인 개리슨 케일러가 자신이 진행하는 라디오 버라이어티 쇼에서 평균 이상의 아이들이 산다는 '워비곤 호수'라는 가상 마을을 설정한 데서 착안하여 붙여진 이름)'라고 한다.

워비곤 호수 효과는 엘리트일수록 더 강하다. 지위가 높고 학력이 높을수록 자존감 또한 높아서 자기 합리화에 능하다. 따라서 변명의 유혹에 쉽게 빠진다. 자신의 패배나 실수를 받아들이지 못하는 데다, 타인의 눈에 비쳐지는 이미지를 지나치게 의식하기 때문이다.

변명도 일종의 습관이다. 근래 들어서 변명 횟수가 부쩍 늘었다면 나의 심리 상태를 점검해 볼 필요가 있다. 변명을 자주 늘어놓는다는 것은 '이상적으로 생각하는 나'와 '현재의 나' 사이에 갭이 크기 때문이다. 현재의 나가 이상적인 나를 쫓아가지 못하다 보니 그 갭을 메우기 위해 변명을 하는 것이다.

이상과 현실 사이의 갭이 크다고 해서 낙담할 필요는 없다. 젊음은 꿈을 먹고 살아간다. 현재는 실현 불가능해 보이는 꿈도 노력하다 보면 언젠가는 현실이 된다.

문제는 잦은 변명이 불러올 후폭풍이다. 변명을 자주 하다 보면 상대에게 '정직하지 못한 사람'이나 '비겁한 사람' 또는 '무책임한 사람'이라는 인식을 심어 준다. 변명은 그 순간을 모면할 수 있는 편리한 수단 같지만 길게 보면 이익보다는 손해가 더 많다. 대인 관계에서 가장 중요한 신뢰, 그 자체를 허물어뜨리기 때문이다.

변명은 약자의 비명이요, 약자의 전유물이다.

"해고당하는 악몽을 꿨어요. 너무도 가슴이 아파서 한동안 멍하니 있었어요."

강자는 변명 대신 정직을 택한다. 재원 씨의 경우도 팀장에게 상황을 솔직하게 털어놓을 필요가 있다.

"늦어서 죄송합니다. 딸아이를 유치원에 데려다 주고 오다 보니 늦었습니다."

가슴을 터놓고 솔직하게 대화를 나누다 보면 혼자서는 아무리 끙끙대도 찾지 못했던 묘안을 찾을 수도 있다.

김 과장에게도 변명하기보다는 사실대로 말하는 게 좋다.

"죄송합니다! 제가 깜빡 잊고 있었습니다."

정직은 신뢰를 키워 준다. 자신의 잘못을 솔직하게 인정하는 사람은 무엇이 문제인지를 알기 때문에, 두 번 다시 같은 실수를 반복하지 않는다. 한 번의 실수는 대나무의 마디처럼 더 큰 성장을 위한 버팀목이 된다.

노자의 『도덕경』에 보면 이런 문장이 있다.

"참다운 사람은 변명을 하지 않고, 변명을 잘하는 사람은 참다운 사람이 아니다."

특히 청춘이라면 눈앞의 작은 이익에 연연해서는 안 된다. 비록 아프더라도 변명이 아닌 정직을 택해야 한다. 그래야만 내공이 쌓이고 힘이 길러진다.

연습 19
정직의 힘 키우기

하나, 사소한 거짓말도 하지 않는다.
사소한 거짓말이라고 해서 가볍게 여기다 보면 거짓말과 정직의 경계가 점점 사라진다. 사소한 거짓말을 멀리 해야만 정직한 삶과 태도가 몸에 밴다.

둘, 설득하는 데 오래 걸릴지라도 진실을 말한다.
좋은 목적을 위해서 거짓말을 할 경우, 그것은 거짓말이 아니라고 합리화하게 된다. 설득에 실패할지라도 거짓말은 하지 않겠다는 마음가짐이 필요하다.

셋, 불이익을 당하더라도 진실을 말한다.
자신의 이익과 연관되어 있으면 변명이나 거짓말을 하고 싶은 유혹에 휩싸인다. 그러나 이익을 위해서 거짓말을 하는 것은 인생 전체를 놓고 볼 때 '소탐대실'이다.

넷, 양심에 어긋나는 말과 행동은 하지 않는다.
어떤 말과 행동이 정직한 것인지 아닌지는 양심이 알고 있다. 바쁘다거나 다수가 그러니 나도 어쩔 수 없다는 핑계로 양심의 소리를 외면해서는 정직한 삶을 살 수 없다.

다섯, 매일 일기를 쓴다.
'정직하게 살자!'는 말은 하기 쉽지만 실천하기는 매우 어렵다. 일기를 통해서 자신의 삶을 돌아보고 반성하며 하나씩 바로잡아 나가야 한다.

CHAPTER 3

세상 앞에
무릎 꿇지 않기 위해서

시간은 백만장자를 거지로, 거지를 백만장자로 만든다

휴가를 마치고 복귀한 정 대리는 책상에 놓여 있는 예쁜 편지를 발견했다. 퇴사하고 유학을 떠나며 오지혜가 남긴 것이었다.

'흥! 할 말 있으면 메일이나 보내지. 촌스럽게 편지는……'

정 대리는 휴지통에 던져 넣었다. 점심을 먹고 와서 다시 일하려는데 편지가 눈에 띄었다. 잠시 갈등하다가 편지를 주워서 뜯어보았다.

정 대리님! 휴가 잘 다녀오셨나요? 2년 전, 입사할 때는 세상 물정 모르는 햇병아리였는데 저의 영원한 멘토이신 정 대리님 가르침 덕분에 많은 걸 배우고 떠납니다. 자주는 아니어도 가끔씩은 연락드릴게요. 정 대리님! 신장을 생각해서라도 약주는 조금만 하시고 음식도 조금만 싱겁게 드세요. 약은 꼬박꼬박 챙겨 드시고요. 그동안 친동생처럼 잘해 주셔서 정말 고마웠어요. 사랑합니다!'

별 내용도 아닌데 코끝이 찡했다.

정 대리는 시골 마을에서 태어나 지방대학을 가까스로 졸업했다. 외모 콤플렉스에다 일도 똑 부러지게 처리하지 못해 상사에게 자주 꾸중을 듣다 보니 날이 갈수록 열등감만 쌓여갔다.

그러던 중 오지혜가 입사했다. 그녀는 부모가 모두 대학병원 의사이고, 명문대를 나온 재원이었다. 성형하지 않은 순수 미모에다 일처리 또한 확실해서 남자 직원들에게 인기가 높았다.

질투심에 사로잡힌 정 대리는 직위를 이용해서 그녀를 괴롭혔다. 시간이 촉박한 중요한 일을 떠넘기기도 했고, 곤경에 빠뜨리기 위해 모함을 한 적도 있었다.

절대 인정하고 싶지 않았는데 성격마저도 천사처럼 착하다는 사실을 깨닫는 순간, 틈날 때마다 쌓아 두었던 댐이 허물어져 내렸고, 패배감과 함께 좌절감이 가슴 깊숙이 밀려들었다.

'세상은 왜 이렇게 불공평한 걸까?'

●●

　학창시절 인물도 나보다 낫고, 머리가 좋아서 매일 노는 것 같은데 성적도 좋고, 운동까지 잘하는 친구를 보면 절로 한숨이 나온다.
　'세상은 왜 이렇게 불공평하지?'
　전세자금을 대출받기 위해서 은행을 들락거리다 집들이 초대를 받았는데, 강남의 고층아파트에서 지적인 미모에 유머까지 겸비한 부인과 함께 살고 있는 직장 동료를 보고 있으니 문득 이런 의문이 든다.
　'혹시 하느님도 투기를 좋아하는 거 아닐까? 골고루 나눠주지 않고 왜 한 사람한테 몰아주는 건데?'
　동창회에서 내 월급의 두 달 치가 넘는 핸드백을 아내의 생일 선물로 사주었다는 친구의 무용담을 들을 때, 온갖 악행을 저지르면서도 천벌을 받기는커녕 떵떵거리며 잘살고 있는 이웃을 보았을 때, 품성이 더없이 착한 사람이 가난에서 벗어나려고 몸부림치다 몹쓸 병에 걸려서 죽음을 맞는 다큐멘터리를 보았을 때, 하느님이 앞에 있다면 한바탕 멱살잡이라도 하고 싶어진다.
　'하느님! 만들려면 제대로 만들지, 세상을 왜 이렇게 불공평하게 만드셨나요?'
　세상을 살다 보면 한 번쯤 이런 불평불만을 가슴에 품는다.

대다수는 이내 잊어버리지만 오랫동안 가슴에 품고 있는 사람들도 있다. 이런 생각에 한번 사로잡히면 세상이 온통 불공평하게 보인다.

건전한 쪽으로 생각의 방향을 잡아간 사람들은 세상이 불공평한 이유를 잘못된 사회제도에 있다고 보고 사회운동에 투신하기도 한다. 그러나 대개는 개인이 감당해야 할 사소한 불행으로 받아들인다.

미국의 교육자 찰스 J. 사이키스는 2007년 『세상에 만만한 인생은 없다』라는 책을 펴냈다. 이 책의 출발점은 라디오 토크쇼에 소개된 '학교에서는 가르쳐주지 않지만 아이들이 알아야 할 14가지 법칙'이었다. 그 뒤 빌 게이츠를 비롯한 많은 사람들의 입에 오르내리며 유명세를 타자 내용을 보완하여 1권의 책으로 출간되기에 이르렀다.

책에 나오는 첫 번째 법칙은 '세상은 원래 공평하지 않으니 익숙해져라.'는 것이다.

토마스 모어는 1516년 『유토피아』를 저술했다. 유토피아는 작가가 만든 상상의 섬으로 현실 속에서는 존재하지 않는다. 완전한 원이나 완전한 정삼각형 역시 이론으로만 존재하지 현실 속에서는 존재하지 않는다. 공평한 세상도 마찬가지이다. 억울하더라도 세상은 불공평하다는 사실을 인정할 필요가 있다.

건강, 재산, 기회, 능력 등을 완벽하게 갖춘 사람은 없다. 아무리 좋은 환경에서 태어났다고 해도 성장 과정에서 한두 개쯤은 결핍을 느끼기 마련이다.

성공을 하는 데는 동기 부여가 중요하다. 결핍된 부분을 채우고 싶은 욕구는 인류나 이웃에 대한 헌신, 더 나은 사람이 되고 싶은 성장 욕구와 함께 강력한 동기를 부여한다.

미국 경제전문지 「포브스」가 발표한 '2011년 미국의 400대 부자' 가운데 '자수성가형' 부자는 무려 70%에 이른다. 한국의 '자수성가형' 부자는 가난을 딛고 일어선 사람을 의미하지만 미국의 경우는 부를 형성하는 과정에서 부모의 영향을 거의 받지 않은 사람을 의미한다.

18년째 1위에 오른 빌 게이츠만 하더라도 아버지는 명문가 집안의 저명한 변호사였고 어머니는 은행가의 딸이었다. 적지 않은 재산가였지만 재산을 물려 줄 생각은 전혀 없었다. 게이츠의 아버지는 "많은 재산을 물려주면 아이가 창의적으로 자라지 못하고 큰돈 역시 벌 수 없다."고 입버릇처럼 말해 왔다.

2위에 오른 버크셔 헤서웨이 회장인 워런 버핏 역시 부잣집 자제였다. 아버지가 주식중개인을 하다 정치에 입문해 공화당 하원의원을 네 번이나 했던 인물이었다. 그는 숨을 거둘 때 자식에게는 개인 소장품만 물려주고, 재산의 대부분은 병원과 대학 등에 기부했다.

빌 게이츠와 워런 버핏 역시 재산의 대부분을 사회에 환원하겠다고 공언해 왔다. 두 사람은 모두 유대인이다. 탈무드에서는 '가난한 것은 집안에 50가지 재앙이 있는 것보다 더 나쁘다.'고 가르친다. 그 교훈 속에는 불평불만만 하지 말고 너의 재능을 최대한 발휘해서 가난에서 벗어나라는 교훈이 담겨 있다.

강철왕 앤드류 카네기는 엄청난 부를 쌓았지만 또한 엄청난 기부를 한 것으로도 유명하다. 그는 '자식에게 많은 유산을 물려주는 것은 저주나 독을 물려주는 것과 같다.'는 명언을 남겼다.

건강이든 재산이든 기회든 능력이든 간에 넘치면 소중함을 모르게 된다. 또한 인간을 오만하고 나태하게 만든다. 결핍은 불편하지만 소중함을 깨닫게 하며, 성공에 대한 강력한 동기를 부여해 준다. 세상이 불공평하다며 불평하는 데 그친다면 실패한 인생으로 끝날 확률이 높다. 세상이 불공평하다는 사실을 인정하고, 결핍을 채우기 위해서 노력한다면 성공적인 인생을 살 수 있다.

대표적인 케이스가 경영의 신이라 불리는 마쓰시타 고노스케이다. 몸이 허약하고, 집안이 가난하고, 남들보다 못 배웠기 때문에 성공할 수 있었다는 그의 고백은 두고두고 음미해 볼 만하다.

세상이 불공평하다면 과연 공평한 것은 무엇일까?

그것은 바로 시간이다. 부자에게든 가난한 사람에게든 하루에 24시간, 1년에 8,760시간이 공평하게 주어진다.

영국의 경제학자인 다니엘 하머메시가 실시한 설문조사에 따르면 부자일수록 시간에 쪼들린다고 한다. 부자들은 돈을 벌 때는 물론이고, 돈을 벌지 않을 때에도 시간이 부족해서 허덕인다. 돈으로 할 수 있는 일들이 너무 많기 때문이다. 그러나 가난한 사람은 하고 싶은 일이 있어도 돈이 없어서 못하기 때문에 시간이 남아돈다. 문제는 그들이 남아도는 시간을 무가치한 곳에 사용하면서 가난에 대해서 끊임없이 불평불만을 터뜨리고 있다는 점이다.

한국의 시청률 조사회사인 TNS에서 2011년 시청자들의 TV 시청 패턴을 조사한 결과 시청 시간은 소득과 학력에 반비례하는 것으로 나타났다. 소득이 낮을수록, 학력이 낮을수록 TV 시청 시간이 길었다.

이런 현상은 한국에서만 일어나고 있는 것은 아니다. 미국의 카이저 가족재단(KFF)이 2010년에 내놓은 보고서에 따르면 부모의 학력이 고졸 이하인 가정의 자녀는 대졸 이상의 부모를 둔 자녀보다 TV 시청이나 컴퓨터, 휴대전화, 게임기 등 디지털기기를 이용하며 보내는 시간이 하루 평균 90분 정도 더 많았다.

세상이 불공평하다고 투덜거리면서 아까운 시간을 TV시청이나 SNS를 이용하며 허비해 버린다면 무슨 비전을 기대할 수 있겠는가. 결핍을 많이 느낄수록 시간을 효율적으로 사용하기 위해서 진지하게 고민해야 한다.

기회가 주어지지 않았기 때문에 시간을 무가치하게 사용하고 있다는 변명 따위는 하지 말자. 많은 사람들이 착각하고 있는 것 중 하나가 기회와 환경 간의 관계이다. 기회가 먼저 찾아와서 환경이 변했다고 생각하기 쉽지만 실상은 그 반대이다. 꽃이 피어야 나비가 찾아오듯이 환경이 먼저 변해야만 기회가 찾아온다.

세상이 불공평하다고 느낀다면 공평하게 주어진 시간을 이용해서 나의 환경을 바꿔야 한다. 벌과 나비가 날아들지 않는다고 투덜거리기 전에 나 스스로 향기롭고 아름다운 꽃으로 변신할 필요가 있다.

시간은 희소성이 없어서 겉보기에는 별 볼 일 없어 보이지만 실로 놀라운 권력을 손에 쥐고 있다. 자신을 업신여기는 자는 백만장자라도 거지로 만들어 버리고, 귀히 받들어 모시는 자는 거지라도 백만장자로 만들어준다.

시간을 물처럼 펑펑 사용한다면 불공평한 세상에 대한 원망만 늘어날 뿐, 결코 원하는 삶을 살 수 없다. 인생을 제대로 한번 멋지게 살아보고 싶다면 시간을 원유처럼 사용할 필요가 있다. 한 방울의 원유는 폭발력이 없지만 모이고 모이면 엄청난 힘을 발휘한다. 시간은 당신의 결핍을 채워 주고, 소망을 이루어 주는 '신의 선물'이다.

시간을 효율적으로 사용하는 기술

하나, 살면서 꼭 해야 할 일의 우선순위를 정한다.

인생은 '시간이 한정되어 있는 여행'이다. 순서를 정해 놓지 않고 닥치는 대로 살다 보면 그다지 소중하지도 않은 일들을 하며 인생을 소진하게 된다. 후회 없는 삶을 살려면 우선순위를 정한 뒤, 시간을 적절하게 분배할 필요가 있다.

둘, 목표를 정확히 설정한다.

인생에서 꼭 이루고 싶은 일은 장기 목표를 세워야 한다. 그런 다음 중·단기 목표를 세우되, 단기 목표는 능력의 90% 이상을 발휘하면 실천 가능한 것으로 설정하라. 목표에 대한 강박감과 적당한 난이도는 집중력을 높여 준다.

셋, 불필요한 호기심을 줄인다.

지식정보화 시대에서 경계해야 하는 것 중 하나는 쓸데없는 호기심이다. 소중한 나의 시간을 지키려면 호기심을 자극하는 불필요한 정보를 외면해야만 한다. 휴대전화, 인터넷, 텔레비전만 멀리 해도 시간을 많이 아낄 수 있다.

넷, 강점을 키우는 데 시간을 집중 투자한다.

남들보다 한 가지만 잘해도 세상을 살아나가는 데 부족함이 없다. 약점을 보완하기 위해서 시간을 집중 투자하는 것보다는 강점을 키우는 데 시간을 집중 투자하는 게 현명한 전략이다. 현대는 팔방미인보다는 한 가지 분야에서 뛰어난 전문가가 우대받는다.

다섯, 시간 일지를 쓴다.

시간은 발이 빠르다. 잠시만 한눈팔면 멀찍이 달아나 버린다. 시간 일지를 쓰면 달아나는 시간의 속도를 늦출 수 있다. 또한, 같은 하루라 할지라도 시간 일지를 쓰지 않을 때보다 많은 일들을 해낼 수 있으며, 내가 원하는 곳에 유용하게 사용할 수 있다.

스트레스를 통제하지 않으면 스트레스에 끌려가게 된다

"이번 주 설거지 당번은 언니잖아!"

서희는 싱크대에 쌓인 그릇들을 보자 참았던 화가 폭발했다. 그러나 언니는 소파에 누워서 텔레비전만 볼 뿐 들은 척도 하지 않았다.

척추 디스크가 심해져 온종일 방에만 누워 있는 어머니가 소리쳤다.

"뭘 그런 일 갖고 고함을 질러? 언니가 피곤해서 그런가 보다고 생각하면 되지. 병원 일이 보통 힘든 일이니?"

순간, 스트레스가 머리끝까지 치밀어 올랐다. 설거지를 하려고 들었던 수세미를 싱크대에 냅다 팽개쳐 버리고는 방으로 들어갔다.

어려서부터 공부를 잘했던 언니는 간호대학을 졸업하고 병원에서 근무하고 있었다. 집안의 규율을 잡아주거나 아니면 중재자 역할을 해야 할 어머니는 어렸을 때부터 항상 언니 편이었다.

서희는 전문대학을 졸업하고 의류회사 디자인 팀에서 일하고 있었다. 팀장은 노처녀인데 다혈질이어서 말을 가려 할 줄 몰랐다.

"내가 언제까지 끝내라고 했어? 도대체 일을 하겠다는 거야, 말겠다는 거야! 그따위로 일할 거면 당장 때려쳐!"

팀장이 일주일 안에 신제품 디자인 시안을 세 편씩 제출하라고 했지만 서희는 아직 하나도 제대로 끝내지 못한 상태였다. 팀의 막내이다 보니 온갖 잔심부름을 하느라 근무 시간에는 도저히 일을 할 수가 없었다. 매일 밤 열 시까지 사무실에 남아서 작업을 했지만 그럴듯한 아이디어가 떠오르지 않았다.

"학벌도 나쁘고, 머리도 나쁘면 남들보다 몇 배는 열심히 해야 발뒤꿈치라도 쫓아갈 거 아냐! 그렇게 일하고 월급 받으면 부끄럽지 않아?"

속이 부글부글 끓어올랐다. 마음 같아서는 당장 때려치우고 싶었다. 그러나 임시직이라도 구해 보려고 몸부림 치고 있는 동창들을 생각하면 그럴 수도 없었다. 입사한 지 만 2년째지만 다른 곳으로 옮기기에는 경력도 짧고, 실력도 부족했다.

'정말 디자인에 소질이 있긴 있는 걸까?'

요즘에는 '직업을 잘못 택한 건 아닐까?' 하는 불안감마저 들었다. 디자이너로 명성을 날리기는커녕 회사에서의 입지마저도 불안했다. 몇 달 전부터 회사 사정이 어려워져서 감원을 할 거라는 소문이 유령처럼 떠돌아다녔다.

'감원을 한다면 디자인 팀에서 제1순위는 보나마나 나일 거야!'

거기다가 시간이 없어서 자주 만나지 못하다 보니 남자 친구와도 소원하게 지냈다. 요즘에는 통화도 뜸했고, 만나도 예전에 없던 벽 같은 것이 느껴졌다.

"아, 스트레스 때문에 미치겠어!"

머리를 감을 때면 빠진 머리카락이 한 움큼씩 잡혔다. 이러다가 시집도 가기 전에 대머리가 되는 건 아닐지 불안했다.

서희는 거울에 비친 자신의 얼굴을 유심히 바라보았다. 눈동자가 위태로이 흔들렸다. 자신이 마치 한 자루 촛불처럼 느껴졌다. 어디선가 바람이라도 불어오면 훅, 하고 생명이 꺼져 버릴 것만 같았다.

● ●

스트레스(Stress)의 어원은 라틴어의 'Stringer'로 '팽팽하게 죄다.'라는 뜻에서 유래되었다. 외부의 자극으로부터 오는 신체적·정신적 반응을 말하는데, 적당한 스트레스는 성취 욕구를 높여서 삶에 활력을 불어 넣는다. 그러나 과다한 스트레스는 문제 해결 능력을 떨어뜨리고, 면역체계를 약화시켜 각종 질병을 유발한다.

스트레스는 집중력을 떨어뜨리고, 의욕 상실을 불러와 시간에 쫓기게 만듦으로써 또 다른 스트레스를 낳는다. 컨베이어벨트는 계속 돌아가는데 해결하지 못한 일이나 감정이 그 위에 계속 쌓이게 되면 감당할 수 없는 상황에 이르게 되고, 육체와 정신은 결국 파업을 할 수밖에 없다.

스트레스를 풀기 위해서는 감정이든 일이든 간에 일단 주도권을 빼앗아 와야 한다. 내가 통제해야지, 외부의 요소들에 의해서 질질 끌려가다 보면 스트레스는 점점 더 쌓이게 된다.

서희의 경우, 언니와의 갈등은 오래전부터 지속되어 온 것이다. 다른 일들이 잘 풀리고 있을 때는 감당할 수 있는 수준인데, 정신적·육체적으로 예민해져 있다 보니 감당하기 버겁게 느껴지는 것뿐이다.

가족과의 갈등은 대화로 푸는 게 현명하다. 그러나 이미 여러 번 같은 주제로 대화를 했음에도 불구하고 바뀐 게 없다면 생각의 전환이 필요하다. 일일이 감정적으로 반응하면 서운함만 산처럼 쌓이고, 미움만 칡넝쿨처럼 쭉쭉 뻗어나간다. 그럴 때는 감정적으로 일일이 대응하기보다는 한 발짝 떨어져서 문제를 바라볼 필요가 있다.

'그래! 언니는 하느님이 날 인격적으로 더 성숙한 인간으로 만들기 위해서 보내 준 선물이야.'

생각을 바꾸고 나면 부딪칠 일도 없고 마음이 편해진다. 팀장과의 갈등도 마찬가지이다. 어차피 일을 배우는 입장이라면 나의 입장에서만 생각하지 말고 팀장의 입장에서도 생각할 줄 알아야 한다.

'지난 시즌에 출시한 제품 판매가 저조하다고 하더니 사장님에게 한소리 들었나 보네.'

팀장도 나와 같은 직장인이라는 동지 의식만 있다면 나만 당하는 것 같은 피해의식에서 벗어날 수 있다.

감원 문제나 시간이 촉박한 디자인 시안 같은 경우도 내가 주도적으로 나서서 통제하는 게 좋다. 뇌가 상상하는 대로 맡겨두다 보면 공포심만 키우게 된다.

'소문만 무성하지 본격적으로 감원에 들어간 것도 아니잖아? 설령 감원에 들어간다고 해도 연봉도 얼마 되지 않는 나부터 해고할 이유는 없어! 일단 이 문제는 닥치면 그때 가서 다시 생각해보자.'

'디자인 시안은 금요일까지 제출하라고 했으니 회사에서 최대한 집중력을 발휘해서 만들어 보자. 그때까지 좋은 아이디가 떠오르지 않으면 잔소리를 한 번 더 듣더라도 주말을 이용해서 끝내자!'

문제 그 자체보다도 문제가 발생함으로써 가져올 결과에 대한 두려움이 스트레스를 부르기 때문에 잠정적으로라도 결말을 짓고 나면 마음이 편해진다. 미래에 닥칠 두려움에 대한 일종의 예방주사를 맞았기 때문이다.

'남자 친구는 변함이 없는데 내가 요즘 스트레스를 많이 받아서 그렇게 느끼는 건지도 몰라. 한 달만 더 지켜보다가 그래도 소원하게 느껴지면 그때 가서 터놓고 이야기해 보자.'

스트레스는 뭉치면 뭉칠수록 힘이 세지기 때문에 각개격파를 해야 한다. 스트레스를 주는 일들을 종이에다 모두 적어놓고, 오락실에서 벽돌 깨기 하듯이 하나씩 깨나가다 보면 별것도 아닌 일로 그동안 속을 태웠음을 알게 된다.

짙은 안개 속을 걸으면 실체는 왜곡되기 십상이다. 그래서 안개가 걷혀 공포와 두려움에 떨게 했던 것들의 실체를 알고 나면 실소하게 된다. 성난 멧돼지는 자전거이고, 도끼를 든 살인마는 소나무가 아니던가.

스트레스 때문에 미치겠다면 피해 다니지 말고 정면으로 부딪쳐라! 인간의 뇌는 유연하기 때문에 방법을 찾으려고 마음먹으면 길은 무궁무진하다.

🌱 연습 21

스트레스 퇴치술

하나, 틈나는 대로 웃는다.
웃음은 뇌에서 엔도르핀 생성을 촉진시킨다. 기분이 좋아서 웃는 게 아니라 웃다 보면 기분이 좋아진다. 거울을 보며 소리 내서 웃고, 코미디 프로나 재미있는 영화를 보며 웃어라.

둘, 나에 대해서 칭찬해 준다.
스트레스를 받으면 자존감은 추락한다. 나에 대해서 구체적으로 칭찬해 줘라. 자존감이 높아지면 긍정적인 시각으로 세상을 바라보게 된다.

셋, 영양을 보충하고, 수면을 취한다.
영양 결핍이나 수면 부족은 짜증을 부른다. 맛있는 음식은 뇌에서 오피오이드라는 화학물질을 분비시켜서 기분을 좋게 하고, 충분한 수면은 집중력을 높여 문제 해결 능력을 키워 준다.

넷, 유산소 운동을 한다.
조깅, 수영, 자전거타기, 요가 등과 같은 유산소 운동을 하면 스트레스 호르몬 수치가 낮아진다. 뇌가 환기되기 때문에 해결책을 쉽게 찾을 수도 있다.

다섯, 스트레스를 받을 수 있는 부탁은 "NO!"라고 말한다.
찜찜한 부탁을 허락하게 되면 자신에 대한 부정적인 감정이 연쇄적으로 터져 나와서 커다란 스트레스가 된다. 그 순간은 힘들더라도 단호하게 거절하는 게 정신건강에 이롭다.

여섯, 친구나 가족들과 마음을 터놓고 대화를 나눈다.
진솔한 대화는 막연한 불안감과 스트레스를 줄여 준다. 이 세상을 나 혼자 살아가는 게 아니라 희로애락을 함께 나눌 수 있는 가족이 있다는 사실만으로도 큰 힘이 된다.

일곱, 감사하는 마음을 갖는다.
감사하는 마음은 완충작용을 해서 외부로부터의 충격을 완화시킨다. 또한 마음속에 응어리져 있던 스트레스 덩어리들을 자연스럽게 풀어 준다.

미래에 대한 도전과 상상은 우리의 뇌를 춤추게 한다

기철은 백수생활 4년차이다. 첫해에는 취업 재수를 한다고 학원에도 다니고, 대학교 도서관에도 다니며 나름대로 활기차게 보냈다. 그러나 백수생활이 4년째로 접어들자 자신감도 떨어지고 취업 의욕도 한풀 꺾였다.

스펙이 화려하지는 않지만 명문대학을 졸업한 데다 토익점수도 괜찮았다. 그런데 예상 밖으로 취업이 안 되자 기철은 자신에게 무슨 문제가 있는 게 아닌가 한동안 심각하게 고민했다. 그러던 어느 날, 외국에서 석·박사 학위까지 받아온 고학력 실업자가 늘어나고 있다는 신문 기사를 읽고 나서 결론을 내렸다. 나에게 문제가 있는 게 아니라 청년 실업자가 100만 명이 넘는 이 사회에 문제가 있는 거라고.

소속이 없다는 것은 공통된 화제가 없다는 것을 의미했다. 친구들은 만나면 주로 직장생활과 결혼에 대해서 이야기했다. 그러나 기철은 백수생활 4년차가 되다 보니 더 이상 취업에 대해서 이야기할 수가 없었다. 공통된 화제가 없으니 친구들과의 만남도 예전처럼 즐겁지 않았다.

사람들과의 만남이 점점 뜸해져 가고, 그러다 보니 어느덧 '혼자 놀기'의 달인이 되었다. 마음만 먹으면 3평짜리 방 안에서 꼼짝하지 않고도 1달쯤은 너끈하게 보낼 수 있었다. 처음에는 연로하신 부모님에게 용돈을 타 쓰는 자신의 신세가 처량했지만 지금은 무뎌져서 좀처럼 그런 감상에 젖는 일은 없었다.

기철은 자신이 행복하다고 생각하지는 않지만 그렇다고 해서 크게 불행하다고 생각해 본 적도 없었다. 그러나 가끔씩 불행이 비수처럼 날아와 가슴에 꽂힐 때가 있었다.

'이대로 세월이 흘러가면 나는 어떻게 되는 걸까?'

미래를 생각하면 입안이 바짝바짝 말랐다. 친구들은 모두들 아름다운 미래를 향해서 거침없이 질주하고 있었다. 그런데 자신만 혼자 낙오자가 되어 꽉 막힌 방안에 갇혀 있다고 생각하면 가슴이 답답해서 미칠 것만 같았다.

그럴 때면 기철은 한강을 찾는다. 마음 같아서는 취하도록 마시고 싶지만 술도 안 받는 체질이어서 흐르는 강물을 보며 음악을 듣는다. 음악 소리에 귀를 기울이며 강바람을 쐬다 보면 다시금 숨통이 트인다.

· ·

20~30대는 한창 꿈꾸어야 할 나이이다.

미래에 대한 꿈을 꾸다 보면 전두엽에서 도파민이 왕성하게 분비되면서 마치 꿈이 현실이 된 것만 같은 기분에 젖는다. 반대로 위험한 일이나 안 좋은 일을 상상하면 손에 땀이 나고 심장이 두근거린다. 미국의 신경학자인 안토니오 다마시오는 이러한 상태가 나타남을 '신체적 표지(somatic marker)'라고 명명했다.

우리는 목표를 이루었을 때 행복을 한꺼번에 느끼는 게 아니라, 목표를 향해서 다가가는 과정에서 행복을 조금씩 맛보며 전진한다. 불행 역시 마찬가지이다.

실업은 무력감과 스트레스를 부른다. 눈코 뜰 새 없이 바쁜 사람은 이렇게 반문할 수 있다. 사용할 수 있는 시간이 늘어나서 늦잠도 실컷 잘 수 있고, 산책도 마음대로 하고, 여기저기 놀러갈 수도 있는데 무슨 스트레스를 받느냐고. 하지만 이러한 자유는 내가 선택한 게 아니기 때문에 진정한 자유가 아니다. 자유의 기쁨은 스스로 선택할 때

비로소 그 빛을 발산하는 법이다.

사실 실업은 실업, 그 자체가 지닌 비극보다 확대되기 십상이다. 인간은 다른 동물과 달리 미래를 계획하고 상상할 수 있는 전두엽이 발달되어 있다. 전두엽의 발달은 꿈꾸는 자에게는 희망과 용기를 주지만 꿈을 잃은 자에게는 슬픔과 좌절을 안겨 준다. 실업으로 인해 장차 일어날 수 있는 모든 가능성을 상상하다 보면 점점 더 우울해지고, 급기야는 삶에 대한 의욕마저 잃게 된다. 이럴 때 우울한 음악이라도 들으면 심한 경우 자살 충동마저 느끼게 된다.

미래를 상상할 때마다 초조함을 느낀다면 일단 한 발짝 떨어져서 긍정적인 시선으로 자신의 상태를 점검해 볼 필요가 있다.

아직 최악의 상황은 아니지 않는가?

그렇다면 움직여라!

뇌를 좌절 모드에서 희망 모드로 바꿔야만 실업의 늪에서 벗어날 수 있다. 현재 상황에서 할 수 있는 모든 일을 시도하라. 아는 사람들에게 안부 전화를 하거나 메일을 보내거나 편지를 써라. 집안 청소를 하거나 빨래를 하거나 옷장을 정리해라. 한 가지 일이 끝나고 나면 작은 성취감을 맛보게 된다.

성취감으로 인해서 기분이 다소 나아졌다면 운동을 해라. 산책을 하거나 조깅을 하거나 등산이나 수영을 하면서 이제부터 뭘 할 것인지 진지하게 생각해 보라. 취업이 멀게만 느껴진다면 혼자 혹은 친구와 함께 할 수 있는 사업을 찾아보는 것도 하나의 방법이다.

'자본이 있어야지 사업을 하지.'라는 생각은 버려라! 지금은 지식 혁명시대이다. 지식, 정보, 통찰력, 창의력 가운데 하나만 있어도 부를 창조할 수 있다. 과감하게 생각의 전환을 한다면 아침까지만 해도 전혀 예상치 못했던 멋진 사업 아이템을 찾을 수 있다.

계획을 세웠는데 그 계획이 완벽하지 않아서 고민이라면 일단 시작하라. 무슨 일이든 간에 꿈꾸고 시작하게 되면 뇌에서 엔도르핀이 방출되면서 기쁨을 맛볼 수 있다. 그 기쁨을 계속 맛보기 위해서 노력하다 보면 성공의 길로 들어서게 된다. 그래서 성공은 생각하는 자가 아닌, 저지르는 자의 몫이다.

일단 시작하는 게 좋은 또 다른 이유는 예측과 실재 사이에는 오차가 있기 때문이다. 경험이 부족하고 연륜이 짧을수록 오차 범위는 커지게 마련이다. 완벽을 추구하기보다는 일단 시작한 뒤, 현장에서 바로잡아나가는 편이 오류를 줄일 수 있다.

미래를 생각할 때마다 초조하다면 일단 움직여라! 지금 초조한 이유는 근심 걱정을 엉덩이로 깔고 앉아 있기 때문이다.

젊었을 때 도전해 봐야 하는 이유

하나, 열정과 체력이 있기 때문이다.

창작을 하든, 공부를 하든, 창업을 하든, 열정 못지않게 중요한 것은 체력이다. 체력이 버텨 줘야지만 어려운 순간을 이겨 낼 수 있고, 가속도를 내서 꾸준하게 일을 추진할 수 있다.

둘, 성공하면 막대한 보상을 얻고, 실패해도 큰 부담이 없다.

부양가족이 없으면 오로지 하고자 하는 일에만 전념할 수 있다. 설령 실패해도 빚만 지지 않는다면 큰 부담이 없다. 실패 원인을 알고 나면 훌훌 털고 일어나 다시 시작할 수 있기 때문에 성공 가능성 또한 높아진다.

셋, 돈으로 살 수 없는 경험과 내공을 쌓게 된다.

남 밑에서 10년 일한 사람보다 자기 사업을 1년이라도 해 본 사람이 업무에 해박하다. 월급 받는 사람은 자기 할 일만 신경 쓰지만 사업가는 사업 전반에 대해서 신경 써야 되기 때문이다. 인간을 성숙하게 하는 것은 상상이나 이론이 아닌 체험이다.

넷, 자기가 해 보고 싶은 분야에 도전해 볼 수 있다.

나이 먹고 직장에서 해고되어 뒤늦게 창업하면 '돈벌이'에 초점을 맞추게 된다. 돈벌이에 초점을 맞추면 맞출수록 경쟁이 치열해서 실패 확률이 높아진다. 무모하게 보이는 도전일수록 경쟁자가 없어서 커다란 성공을 거두기도 한다.

다섯, 훗날 후회하지 않는다.

한국의 직장인 924명을 대상으로 한 설문조사에 따르면 20대에 가장 후회스러운 자신의 모습을 묻는 질문에 응답자의 46.2%가 '더 많은 경험, 더 많은 도전을 하지 못했던 점'을 들었다. 인간은 실패한 일보다 해 보지 못한 일을 더 많이 후회하는 경향이 있다. 꼭 하고 싶은 일이라면 젊었을 때 저지르는 게 좋다.

실수하는 자가
더 많은 기회를 얻는다

"이 원고, 각별히 좀 신경 써!"

이 과장은 사장이 건네는 원고를 받아들었다. 저명인사가 쓴 회고록이었다. 순간, 편두통과 함께 이마에서 식은땀이 나며 얹힌 것처럼 가슴이 답답했다. 그때 그 일이 있고 나서부터 조금만 긴장하면 어김없이 찾아오는 증상이었다.

1년 전이었다. 사장의 호출을 받고 달려가니 원고를 하나 불쑥 내밀었다. 대통령 일본 국회 연설문인데, 정부기관으로부터 책자로 제작해 달라는 주문이 들어왔다는 것이었다. 제작 기간이 촉박했지만 다행히도 원고량이 많지 않았다. 서둘러서 작업하면 일정을 맞출 수 있을 것 같았다.

출판사 편집부 내에서 이 과장은 '면도날'로 통했다. 대인 관계는 물론이고, 업무에서도 작은 실수를 용납하지 않았다. 1권의 책을 만들다 보면 띄어쓰기 오류는 기본이고, 5개 이내의 오탈자쯤은 나오기 마련이었다. 그러나 이 과장이 만든 책은 오탈자는 물론이고 띄어쓰기 오류마저도 거의 찾아볼 수 없었다.

'대통령과 관련된 책이니 완벽하게 만들어야지!'

이 과장은 부하 직원과 번갈아가며 원고 교정을 5차까지 보았다. 표지도 각별히 신경 써서 교정을 보았고, 마침내 인쇄와 제본을 거쳐서 1권의 책이 완성되었다.

'아, 마침내 끝났어!'

야근을 하느라 제대로 쉬지도 못했던 이 과장은 모처럼 만에 단잠을 잤다. 다음 날 홀가분한 기분으로 출근하니, 출판사가 발칵 뒤집혀 있었다. 본문 처음 시작할 때 등장하는 문구인 '일본 의회민주주의'가 '일본 사회민주주의'로 표기되어 있는 것이었다.

'바보같이, 이런 어처구니없는 실수를 저지르다니!'

순간, 눈앞이 깜깜했다. 이마에서 식은땀이 흐르고, 심장이 터질 듯이 뛰고, 머리가 깨어질 듯이 아파왔다.

사장은 담당자를 만나 사정을 알렸고, 제작 일정을 재조정했다. 이 과장은 책을 다시 제작했는데 참으로 악몽 같은 시간이었다.

비록 문책을 당하지는 않았지만 이 과장은 심한 자책감에 사로잡혀 지냈다. 그런 초보적인 실수를 저지른 자신을 도저히 용서할 수 없었다. 그 뒤부터 조금만 긴장하면 어김없이 그때와 똑같은 증상이 찾아왔다. 마음의 여유를 찾기 위해 길게 심호흡을 해 보지만 별다른 보탬이 되지 않았다.

● ●

성취주의는 자본주의 시대를 살아가는 수많은 현대인들의 마음을 사로잡고 있다. 성취 지향주의자들은 현재의 삶을 상당 부분 포기한 채 앞만 보고 달려간다. 그것도 그냥 달리는 게 아니라 허들 선수처럼 장애물을 뛰어넘으며 달린다.

장애물을 뛰어넘어 자신이 세운 목표를 하나씩 성취해 나가는 일은 분명 매력적이다. 시간이 흐를수록 점점 더 자신감도 붙고, 그러다 보면 '나는 프로다!'라는 자아 도취감에 빠지게 된다. 이때부터는 완벽을 추구하고자 하는 경향이 강해져서 스스로 저지르는 작은 실수도 용납하지 못한다.

모든 일을 대충 넘어가지 못하다 보니 할 일이 점점 쌓인다. 자신도 모르는 사이에 워커홀릭(workaholic)이 되고 만다.

워커홀릭은 개인생활을 포기하고 일만 하므로 출세가 빠르다. 그러나 연봉은 많아도 행복한 삶은 아니다. '미래의 행복'을 잡으려는 사람들은 원했던 미래가 와도 다시 '미래의 행복'을 잡으러 달려가기 때문에 영원히 행복의 파랑새를 잡지 못한다.

완벽해지기 위해서는 많은 에너지가 필요하다. 완벽주의자는 매력적으로 보이지만 그만큼 많은 희생을 치르며 살아가는 사람들이다.

"한 번도 비행기를 놓쳐 보지 않은 사람은 그만큼 많은 시간을 공항 대합실에서 허비한 사람이다."

경제학자 헤르베르트 기어슈의 말은 어떤 자세로 살아가는 게 합리적인 삶인가에 대해서 생각해 보게 한다.

사소한 실수를 용납하면 커다란 실수를 미연에 방지할 수 있다. 신은 완벽한 존재이지만 인간은 불완전한 존재다. 신처럼 실수하지 않는 존재가 아니라, 실수하지 않으려고 의식적으로 끊임없이 노력하는 존재이다.

약간의 긴장감은 스트레스를 부르지만 주의력을 향상시켜 오히려 좋은 결과를 낳기도 한다. 그러나 과도한 긴장감은 주의력을 떨어뜨려 판단 미스를 낳는다. 그래서 노련한 감독은 신인을 중요한 시합에 내보낼 때 유머로 긴장감을 풀어 주고, '실수해도 괜찮으니까 연습해 왔던 대로만 해!' 하고 다독인다.

이 과장의 실수는 완벽주의에서 비롯되었다. 교정을 보는 데는 중요도에 따라서 정해진 순서가 있다. 표지글, 목차, 저자 약력, 장 제목 등과 같은 곳에서 오탈자가 발견되면 안 된다. 그다음으로는 고유명사나 숫자, '의회민주주의' 같은 문장의 뜻을 바꿀 수 있는 중요한 낱말 등이다. 그 대신 조사나 띄어쓰기 같은 곳에서는 긴장의 끈을 살짝 늦춰도 무방하다. 한두 자 틀려도 읽어나가는데 아무런 지장이 없고, 띄어쓰기 같은 경우는 전문가가 아니면 잘 모르기 때문이다.

결국 완벽한 책을 만들겠다는 이 과장의 지나친 의욕이 판단력을 흐트러뜨려 작업 순서를 잠시 잊게끔 만들었다. 그 결과, 스스로 생각해도 어이없는 실수를 저지르고야 만 것이다.

그런데 정말 심각한 문제는 실수를 저질렀다는 사실이 아니라, 여전히 실수에 발목이 잡혀 있다는 사실이다. 우리는 흔히 '이 세상에 완벽한 사람은 없다.'고 말한다. 이 말은 곧, '실수하니까 인간이다.'라는 말과 일맥상통한다.

인간사에서 실수는 흔한 일이다. 그래서 사람들은 자신의 실수가 아니면 타인의 실수에 대해서는 신경 쓰지 않는다. 저마다 크고 작은 실수를 저지르며 살아가고 있는 데다, 용서를 해야만 마음의 평화가 찾아오기 때문이다.

타인의 실수를 용서하듯이 나의 실수도 용서할 줄 알아야 한다. 용서해 버리고 나면, 그 사건은 더 이상 고통을 동반한 부정적인 감정을 불러오지 않는다. 아무리 아픈 기억이라도 추억의 한 부분으로 받아들이고 나면 비로소 웃을 수 있는 여유가 생긴다.

설령 회사에서 해고 사유에 해당할 만큼의 큰 실수를 했다고 하더라도 자책하지 마라. 수습하는 데는 시간이 필요하다. 가장 빠른 수습책을 찾아보고, 수습하는 데 총력을 기울여라. 이리저리 뛰어다니며 수습하다 보면, 실수를 만회할 만한 능력이 발휘될 수도 있고, 시간이 지날수록 마음의 상처도 조금씩 아물게 마련이다.

대인 관계에서 실수했다면 솔직하게 사과하라. 온갖 상상을 하며 머릿속에서 사건을 확대해석하지 마라. 나는 죽을죄를 지었다고 생각하고 있는데 막상 부딪쳐 보면 상대는 이미 잊고 있는 경우도 허다하다.

그래도 마음이 불안하다면 무성영화 시대에 미국의 영화배우였던 메릭 픽포드의 명언을 떠올려라.

"설령 아주 중대한 실수를 저질렀다 하더라도 당신에게는 반드시 또 다른 기회가 있다. 우리가 실패라고 부르는 것은 넘어지는 것이 아니라 주저앉는 것이다."

연습 23
실수했을 때 현명하게 대처하는 기술

하나, 실수를 인정한다.
실수를 인정해야만 수습할 수가 있고, 다음 단계로 나아갈 수가 있다. 실수를 덮어두는 것은 침대 밑에다 죽은 고양이 시체를 감춰 놓는 것과도 같다.

둘, 신속하게 보고한다.
사고가 터지면 이성적인 판단을 하기가 힘들다. 혼자 힘으로 해결하려다가는 대형 사고로 이어질 수 있다. 신속한 보고는 실수를 현명하게 수습하는 지름길이다.

셋, 곧바로 사과한다.
나쁜 감정은 묵으면 묵을수록 악화된다. 실수를 저질렀다면 빨리 사과를 하는 게 좋다. 그래야 그쪽도 곧바로 감정을 추스르고, 사태를 수습할 수 있다.

넷, 두 번 다시 같은 실수를 하지 않도록 장치를 마련한다.
의욕이 앞선 사람은 실수를 저지르고 어리석은 사람은 똑같은 실수를 저지른다. 실수의 원인을 철저히 분석한 뒤, 되풀이되지 않도록 장치를 마련해 둬야 한다.

다섯, 실수로 인해 인격적으로 성숙해졌다고 생각한다.
실수에 계속 사로잡혀 있는 사람은 발전이 없는 사람이다. '실수의 동굴'에서 나와서 더 큰 세계로 나아가라. 실수를 딛고 일어서는 사람만이 성공한다.

성공을 꿈꾸는 것보다 실패를 공부하는 것이 더 중요하다

은성은 떨리는 마음으로 1달 가까이 기다렸다. 그러나 전화는커녕 메일조차 없었다. 더 이상 참을 수 없어서 떨리는 마음으로 출판사에 전화를 걸었다. 담당자는 까맣게 잊고 있었는지 한참 뒤에야 이렇게 말했다.

"아, 그거요? 출판하지 않기로 내부에서 결정이 났어요."

어느 정도 예상하고 있었지만 또다시 거절당하고 나니 절망감이 밀려 왔다. 벌써 12번째 거절이었다.

어려서부터 독서를 좋아했던 은성이 막연하게나마 작가의 꿈을 꾸기 시작한 것은 중학교 2학년 때였다. 교내 글짓기 대회에서 장난삼아 끼적거린 글이 장원을 했고, 심사를 맡았던 국어 선생님이 따로 불러서 글을 써 보라고 권유했다.

고1 때, 절친했던 친구의 자살로 인해 은성은 한동안 방황했다. 발목이 부러진 말처럼 자꾸만 주저앉으려는 마음을 추슬러서 다시 제자리로 돌아왔을 때는 작가의 꿈이 한층 더 여물어져 있었다.

은성은 국문학과에 진학했고, 그동안의 갈증을 달래듯 정신없이 글을 쓰기 시작했다. 4년 동안 신춘문예를 비롯한 각종 신인상에 수십 차례 응모했지만 번번이 떨어졌다. 최종 예선에 두 번 올랐고, 대학에서 주최하는 문학상을 받은 게 전부였다.

대학을 졸업하고 대기업 홍보부에 입사했다. 새로운 환경에 적응하느라 잠시 문학을 멀리했는데, 어느 날 같은 문학 동아리에서 활동했던 친구가 신문사에서 주최하는 문학상을 받았다는 기사를 발견했다. 신선한 자극이었고 충격이었다.

'그래! 마지막으로 한 번만 더 도전해 보자!'

은성은 단단히 각오를 다진 뒤, 새벽에 일어나서 글을 썼다. 6개월 남짓 걸려서 중편소설을 완성한 다음 신인문학상에 응모했다. 그러나 아쉽게도 본선에서 떨어졌다.

몹시 실망해 있는데 예선 심사를 맡았던 학교 선배로부터 연락이 왔다. 작품이 문학성은 다소 떨어지지만 참신하고 재미있으니까 장

편으로 개작해서 곧바로 출판해 보라는 것이었다. 미국에서는 오래 전부터 그랬고, 국내에서도 몇 해 전부터는 소설만 좋으면 기성 작가와 동등한 조건으로 출판해 준다고 했다.

은성은 다시 작가의 꿈을 불태웠다. 새벽 시간과 주말을 이용해서 글을 썼고, 꼬박 1년 만에 중편소설을 장편소설로 개작했다. 은성은 떨리는 마음으로 출판사 홈페이지를 통해서 원고를 응모했다.

그 뒤부터 기다림과 실망의 날들이 이어졌다. 1년 남짓한 시간 동안 열두 곳의 출판사에 응모했지만 번번이 거절당했다. 은성은 요즘 수시로 되묻곤 한다.

'나에게 과연 작가가 될 소질이 있기나 한 걸까?'

은성은 마음의 갈피를 잡을 수 없었다. 막상 작가의 꿈을 접으려 하니 삶이 껍데기만 남는 것 같아서 견딜 수 없었다. 그러나 계속 도전해 보려고 해도 빈집의 문을 하염없이 두드리는 기분이어서 도무지 신이 나지 않았다.

• •

인간은 축적된 경험의 집합체이다. 일부 과학자들의 주장에 따르면 인간의 유전자 안에는 인류의 모든 역사가 고스란히 간직되어 있다고 한다.

21세기에는 직업의 다양화로 여러 분야에서 전문가가 출현했다. 전문가란 축적된 지식과 경험을 통해서 맡은 일을 신속하고 정확하게 해낼 수 있는 사람을 말한다. 전문가가 되기 위해서는 지식 못지않게 중요한 것이 경험이다.

교육 기관을 통해서 한 분야에서 필요한 지식을 쌓아도 곧바로 전문가로 인정하지 않는 까닭은 경험이 부족하기 때문이다. 인간은 성공을 통해서 많은 것을 배우지만 실패를 통해서도 많은 것을 배운다. 따라서 전문가란 수많은 성공과 실패를 통해서 신속하고 정확한 길을 찾아낸 사람이다.

전문가가 되는 길을 간략하게 설명하면 '생쥐의 미로 찾기'와 흡사하다. 생쥐들도 인간처럼 각기 다른 IQ를 지니고 있으며 학습 능력 또한 다르다. 여러 마리의 생쥐로 미로 찾기 실험을 해 보면 통로를 빠져나와 목표지점에 이르는 시간이 제각각이다. 몇 차례 시행착오 끝에 단시간에 목표 지점에 도달하는 생쥐가 있는가 하면, 같은 자리에서 똑같은 실패를 반복하며 많은 시간을 허비하는 생쥐도 있다.

그러나 미로 찾기에 둔한 생쥐에게 집중적으로 반복학습을 시키면 미로 찾기에 능한 생쥐보다 더 빠른 시간 내에 미로를 통과한다. 반복된 학습과 무수한 실패를 거듭하는 사이에 뇌에 그와 관련된 뉴런이 축적되면서 미로 찾기 전문가가 되는 것이다.

한 분야에서 전문가가 되고 싶다면 실패를 두려워해서는 안 된다.

실패는 누구나 겪게 마련이다. 정말 중요한 것은 실패가 아니라 실패를 받아들이는 자세이다. 스탠퍼드 대학교의 심리학 교수인 캐롤 드웩은 '학업적인 성취나 직업적인 성취를 이루는 데 중요한 것은 인지적인 능력이 아니라, 그 사람들이 갖고 있는 신념에 달려 있다'에 관한 연구를 꾸준히 해 왔다. 연구 결과 고정 마인드가 아닌 성장 마인드를 지녀야 함이 밝혀졌다.

A : 나의 지적 능력은 태어날 때부터 운명적으로 정해졌기 때문에 내가 아무리 노력해도 크게 변화하지 않는다.
B : 나의 지적 능력은 무한하기 때문에 내가 노력하기에 따라서 놀라운 능력을 발휘할 수 있다.

A는 고정 마인드이고, B는 성장 마인드이다. 고정 마인드를 지닌 사람은 실패하게 되면 자신의 능력부터 의심한다. 그러나 성장 마인드를 지닌 사람은 "처음부터 잘하는 사람이 어디 있어? 하다 보면 점점 나아지겠지!" 하고 마음 편하게 받아들인다.

고정 마인드를 지니게 되면 실패한 모든 원인을 나에게 있다고 인정해 버리기 때문에 발전할 수 없다. 그러나 성장 마인드를 지닌 사람은 두 번 다시 똑같은 실패를 하지 않도록 실패 원인을 분석하고 대처한다.

실패 자체를 실패로 보느냐, 실패를 성공으로 가는 과정으로 보느냐에 따라서 많은 것이 바뀐다. 전자의 경우에는 점점 위축되어 삶 자체가 불행해진다. 반면 후자의 경우에는 점점 자신감이 붙어서 당사자가 행복해지는 건 물론이고, 밝은 에너지로 인해 주변 사람들마저 행복하게 만든다.

앞의 사례로 든 은성의 경우는 성장 마인드를 지니고 있었는데 거듭되는 실패로 인해서 고정 마인드로 서서히 바뀌어가고 있는 중이다. 무슨 일이든 간에 도전했다가 실패를 했다면 그 원인을 분석할 필요가 있다. 사실 실패 원인을 냉정하게 혼자 힘으로 분석해 내기란 쉽지 않다. 그럴 때는 전문가에게 도움을 요청해야 한다.

신인상에 도전했다가 실패했다면 심사를 맡은 평론가나 소설가에게 작품의 미흡한 점을 물어보고, 출판사로부터 거절당했다면 출판 담당자에게 작품에 대한 피드백을 반드시 받아야 한다.

성장 마인드를 갖고서 실패를 통해 끊임없이 배우는 자세가 필요하다. 실패를 통한 지식과 경험은 성공과의 간격을 좁혀 준다. 노벨문학상 수상자인 사무엘 베케트는 성공을 꿈꾸는 후배들에게 이렇게 충고하고 있다.

"실패하고 다시 실패하되, 더 나은 실패를 하라!"

실패를 성공으로 바꾸기 위해 꼭 해야 할 일들

하나, 성장 마인드를 지닌다.

무한한 가능성을 지닌 나 자신을 좁은 틀 안에 가두려 해서는 안 된다. 인간의 마음은 좁히면 좁쌀보다도 작아지고 넓히면 우주보다도 넓어진다. 실패를 두려워하지 마라. 아이가 제대로 걷기까지 수없이 넘어져도 이내 걷고 뛰지 않는가.

둘, 과거의 실패에 붙들리지 않는다.

새로운 도전을 시작할 때는 과거의 실패를 잊어야 한다. 실패에 붙들려 있으면 자신감도 떨어지고, 두려움 때문에 일에 대한 반응속도도 늦어진다. 실패에 붙들리지 않으려면 실패를 받아들이고 인정할 줄 알아야 한다.

셋, 실패한 이유를 찾아내고 대처한다.

성공하고 실패하는 데는 반드시 이유가 있다. 실패 이유를 정확히 알아야 다음번에는 같은 실수를 반복하지 않는다. 실패한 이유를 모르겠다면 전문가에게 피드백을 받고, 성공한 사람과의 차이가 무엇인지 비교 분석해서 스스로 깨달아야 한다.

넷, 실패 속에 감춰져 있는 성공 아이디어를 찾아낸다.

세상에 나와 있는 수많은 성공은 실패 속에 감춰져 있었다. 손쉽게 성공한 사람들은 운 좋게도 다른 사람들이 벗기고 벗겨내다 포기한 마지막 껍질을 벗겨냈을 뿐이다. 실패를 외면하지 말고 유심히 들여다보아라. 그 안에 성공 아이디어가 감춰져 있다.

다섯, 가치 있는 일을 한다.

삶에서 절대 포기할 수 없는 것 가운데 하나가 행복이다. 행복은 가치 있는 일을 할 때 증폭된다. 실패를 했다면 '이 일이 가치 있는 일인가?' 하고 진지하게 되물을 필요가 있다. 가치 있는 일 쪽으로 방향을 잡아나가다 보면 의외의 성공을 거두기도 한다.

불확실한 미래를
비전으로 대체할 때,
생존은 기쁨이 된다

재희는 지방대학을 나와서 중소기업에 3년째 다니고 있다.

일요일 저녁만 되면 재희는 맥박이 빨라지고 신경이 예민해진다. 그럴 때 가족 중에 누구라도 말 한마디 잘못 건네면 집안은 순식간에 전쟁터로 변한다. 재희는 방으로 들어가서 요가도 하고, 명상도 해보지만 들뜬 열기와 같은 불쾌한 흥분은 사라지지 않는다.

자정이 넘어서 침대에 눕는다. 잠이 오지 않는다. 머릿속은 깊은 산속 시냇물처럼 맑고 투명하다. 양떼들이 초원에서 풀을 뜯고 있다. 재희는 양들을 한 마리씩 차례대로 이불 속으로 불러서 잠재운다.

눈을 감고 뒤척이기를 수십 차례 하다가 가까스로 잠이 든다. 아침에 눈을 뜨니 몸이 물먹은 스펀지처럼 무겁다. 몸살 기운도 있는 것 같고, 체했는지 속도 더부룩하다. 출근하기 위해서 양치질을 한다. 도저히 일할 수 있는 몸이 아니다. 다시 침대에 들어가서 누워 보지만 이내 박차고 일어난다.

아침을 먹는 둥 마는 둥 하고서 출근한다. 머리가 지끈거리고 심장의 고동소리가 점점 빨라진다. 문이 열릴 때마다 지하철에서 뛰어내리고 싶은 충동을 가까스로 억제한다. 휴대전화를 꺼내서 신문기사를 검색해 보지만 기사가 눈에 들어오지 않는다. 잠시 눈을 감자 침대에서 자고 있는 양들이 보인다. 한 마리씩 깨워 초원으로 돌려보내고 나니 어느새 회사 앞이다.

"지겨워, 정말!"

회사 건물을 올려다보며 재희는 사직서를 팀장의 면전에 던진 뒤, 회사를 나서는 광경을 상상해 본다. 기분이 다소 나아진다. 이를 악물고 힘차게 지옥의 문을 연다.

컴퓨터를 켜고 커피를 한잔 마시며 다이어리를 펼친다. 오늘 처리해야 할 일들을 눈으로 훑다 보니 다시금 가슴이 답답해진다.

'마지못해 하는 일이지만 정말 지긋지긋해!'

··

얼마 전 취업포털 사이트 잡코리아에서 직장인 626명을 대상으로 실시한 설문조사에 따르면 우울증에 시달리는 직장인이 무려 74.4%(466명)에 이르렀다. 우울증의 원인으로는 '회사에 대한 불확실한 비전(47.4%)', '나의 미래에 대한 불확실한 비전(45.7%)'을 꼽았다.

근무 시간은 해마다 줄고 사내 복지는 좋아지고 있지만, 우울증에 시달리는 직장인은 해가 갈수록 점점 늘어나는 추세이다. 상사와 부하 직원 간의 수직적 인간관계가 당연시되고 이윤을 극적으로 추구하는 성과 위주의 기업 문화이다 보니, 개인적인 사정이나 소수의 의견쯤은 묵살되기 십상이다.

입사하면서 품었던 출세의 꿈은 점점 멀어져가고, 밀려오는 것은 끊임없이 조여 오는 실적에 대한 압박과 의무적으로 처리해야만 하는 과도한 업무뿐이다. 지속적인 스트레스는 불쾌한 감정과 함께 신경과민을 불러온다. 이 상태가 오래 지속되면 삶의 질은 바닥에 떨어진 토마토처럼 으깨어지고, 회사생활에 대한 회의만 쌓이게 된다.

'이렇게까지 회사생활을 계속해야 하는 걸까?'

뫼비우스의 띠처럼 회사를 떠올릴 때마다 비슷한 생각이 끊임없이 되풀이되고 있다면 스스로를 돌아볼 필요가 있다. 나로 하여금 회사에 대한 거부감을 들게 한 원인이 무엇인지부터 파악해야 한다.

우울증의 원인으로 대다수 직장인들이 '회사에 대한 불확실한 비전'이나 '나의 미래에 대한 불확실한 비전'을 꼽았다는 사실에 비춰 보더라도 현대 사회가 산업화시대에서 지식정보화시대로 넘어가는 과도기임을 알 수 있다.

산업화시대에는 하나의 기술을 배우면 퇴직할 때까지 그 직업에 충실할 수 있었지만 지금은 그 어떤 기술로도 마음을 놓을 수 없다. 실제로 수없이 많은 직업들이 바람 앞의 등불처럼 사라졌고, 또 사라질 위기에 놓여 있다. 그러나 긍정적으로 본다면 사라져 버린 직업과는 비교할 수도 없을 만큼 매력적인 직업들이 새로 등장했다는 사실이다.

과거에는 고급 정보는 피라미드의 위층에 있는 사람들만 공유했지만 지금은 수많은 사람들이 다양한 정보를 공유하고 있다. 오히려 정보가 넘쳐나서 그 속에서 유익한 정보를 고르려고 하다 보니 오히려 스트레스를 받을 지경이다.

회사에 비전이 보이지 않고, 나의 미래가 불투명하게 느껴진다면 지극히 정상이다. 구글이나 삼성, 애플 같은 일부 기업을 제외하고는 대다수가 불안감을 느끼고 있다. 어쩌면 한창 잘나가는 그런 기업의 종사자들도 비슷한 불안감을 느끼고 있을지도 모른다. 세상의 변화를 쫓아가지 못하면 아차 하는 순간 이류 기업으로 전락할 수도 있기 때문이다.

약간의 불안감과 스트레스는 생존에 도움이 된다. 정글을 지나다 불안해지면 무기가 될 만한 것을 찾아서 손에 쥐거나 달아날 곳을 미리 봐 두듯이, 현대의 많은 직장인들이 미래에 대한 불안감 때문에 학원에 다니거나, 소모임을 만들어 스터디를 하거나, 다양한 독서를 통해서 해결책을 모색하고 있다.

그러나 단순한 월요병이 아니라 업무 그 자체가 싫다면 생각의 전환이 필요하다. 일단 목을 꽉 죄고 있는 넥타이를 느슨하게 하고, 마음을 느긋하게 먹을 필요가 있다.

인간은 생존을 위해서는 반드시 숨을 쉬어야 한다. 그러나 직장은 필요하기는 해도 생존하는 데 필수불가결한 것은 아니다. 직장을 계속 다닐지, 사퇴할지는 오로지 나의 의지에 달려 있다. 언제든지 사표를 집어던질 수도 있다. 그러나 나중에 후회하고 싶지 않다면 그 전에 몇 가지 것들을 점검해 봐야 한다.

첫 번째는 업무 자체에 대한 거부감이 일시적인 것인지, 지속적인 것인지를 판단해야 한다. 살다 보면 기분이 울적해지는 시기가 있다. 짧게는 일이십 분, 길게는 1~2년 이상 지속되기도 한다. 기분이 울적할 때는 업무 그 자체가 싫어진다. 울적한 기분에 무슨 일인들 흥이 나겠는가? 이럴 때는 직장을 바꾸려는 시도보다는 기분 전환부터 해야 한다.

두 번째는 내가 세상을 너무 부정적인 눈으로 바라보고 있지는 않은지 돌아봐야 한다. 부정적인 시선으로 세상을 삐딱하게 바라보면 대통령직을 준다고 해도 마음에 차지 않는다. 이럴 때는 명상이나 산책, 운동 등을 하면서 부정적인 감정을 통제하고, 긍정 마인드를 키울 필요가 있다.

세 번째는 내가 업무의 주도권을 쥐고 있는지, 오히려 끌려가고 있는지를 구분해야 한다. 주도권을 빼앗긴 채 일에 질질 끌려가고 있는 형편이라면 주도권부터 찾아와야 한다. 왜 높은 자리에 있는데 스스로 천한 하인이 되려 하는가? 업무란 내가 계획하고 준비해서 능동적으로 처리할 때 즐거울 수 있다.

네 번째는 업무, 그 자체에 갇혀 있지 않은지 돌아봐야 한다. 특별한 창의력이 필요하지 않는 단순한 일을 오랫동안 반복하다 보면 좁은 상자 안에 갇힌 기분이 든다. 이럴 때는 상자 밖으로 나와서 신선한 공기를 쐴 필요가 있다. 취미 활동, 사교적인 모임, 유산소 운동, 종교 활동, 예술 활동 등을 하다 보면 기분도 전환되고 업무를 바라보는 시야도 넓어진다.

다섯 번째는 아무리 노력해도 업무가 나의 적성과 맞지 않는 경우이다. 일반적으로 생각할 때는 외향적인 성격이 영업에 맞을 것 같지만 반드시 그런 건 아니다. 내향적인 성격을 지녔어도 사무직보다 영업이 더 적성에 맞을 때도 있다. 영업으로 성공한 많은 사람들이 내향적인 성격을 지니고 있다. 100번을 고민해 봐도 업무가 적성에 맞지 않다고 판단되면 인사과에 이야기해서 부서를 옮길 필요가 있다.

푸르른 청춘일수록 어떤 문제에 부딪히면 칼로 베듯이 확실한 결론을 원한다. 그러나 지구는 태양계 속에서 쉬지 않고 회전하고 있고, 세상 또한 빠르게 변화하고 있기 때문에 명확한 결론을 내린다는 것이 생각처럼 쉽지 않다.

성격이 불같이 급한 사람이라면 중요한 결론을 내리기에 앞서 알베르트 아인슈타인의 말을 되새겨 볼 필요가 있다.

"나는 몇 달 혹은 몇 년 동안 생각하고 또 생각한다. 99번은 그릇된 결론을 얻지만 마침내 100번째에 이르러서야 옳은 결론에 도달하게 된다."

업무가 지겹다면 새로운 직장을 찾거나 개인 사업을 하는 것도 하나의 방법이다. 그러나 업무가 지겨운 이유를 분석해서 그 원인을 제거하는 것도 좋은 대안이 될 수 있다.

신나고 즐겁게 일하는 비결

하나, 업무에서 비전을 찾는다.

모든 일은 마음먹기 나름이다. 업무가 지긋지긋하다고 생각하면 할수록 일하기가 싫어진다. 아무 비전도 없고, 보수는 형편없고, 힘들기만 한 일이라도 마음먹기 따라서 비전을 뛰어넘어 사명감마저 발견할 수 있다. 생각을 비틀면 세상이 즐거워진다.

둘, 일을 놀이처럼 즐긴다.

'월급 받기 위해서 마지못해 일한다.'는 소극적인 생각 따위는 쓰레기통에 던져 버려라. 일을 하나의 놀이라고 생각하고, 그 속에서 재미를 찾아라. 세상에 힘든 일은 없다. 단지, 힘들다고 생각하는 사람들이 있을 뿐이다. 인간은 어떤 악조건 속에서도 재미를 찾아낼 수 있는 능력이 있다.

셋, 칭찬과 감사를 생활화한다.

칭찬에 인색하고, 감사할 줄 모르는 사람은 대개 이기적이다. 칭찬과 감사를 생활화하려면 주변 사람에게 관심을 가져야 한다. 작은 일도 칭찬해 주고 감사하며 살다 보면 표정이 밝아진다. 웃다 보면 기분이 좋아지듯, 밝은 표정으로 생활하다 보면 좋은 일이 생긴다.

넷, 즐거웠던 순간을 자주 떠올린다.

입사할 때의 기쁨, 첫 월급을 탔을 때의 기쁨, 프로젝트를 성공적으로 끝냈을 때의 기쁨, 승진했을 때의 기쁨 등을 자주 떠올려라. 마음속에 기쁨이 차오르면 자신감도 생기고, 업무에 대한 애착도 생긴다. 또한, 현재의 어려움을 이겨 낼 수 있는 용기도 솟아난다.

다섯, 소모임에 참여해서 취미 활동을 한다.

회사 내 소모임에 참여하면 취미 활동도 할 수 있고, 인맥도 넓힐 수 있고, 소속감도 생기고 일석삼조이다. 취미 활동은 생활 전반에 활력을 불어넣고, 인맥이 넓어지면 회사 생활 자체가 즐거워지고, 소속감이 깊어지면 업무 역시 즐거워진다.

진실이 때로는
우리를 다치게 해도,
그 또한 지나가리라

지수는 대학을 졸업하고 취업 재수 끝에 대기업 마케팅팀에 입사했다. 세상을 모두 가진 것처럼 기뻤지만 그 기쁨은 오래가지 못했다. 즐겁던 직장생활이 괴로운 일터로 바뀐 것은 보름 전에 생긴 일 때문이었다.

한 달 전, 지수는 주말에 시내에 나갔다가 우연히 인사팀의 정 대리를 만났다. 차 한잔 하자고 해서 가벼운 마음으로 커피전문점에 가서 차를 한잔 마셨다.

"여자 친구에게 줄 선물을 사려고 하는데 도와주실 수 있죠?"

정 대리의 정중한 제의에 지수는 기꺼이 보석상까지 동행했다. 신중하게 목걸이를 골라 주었고, 프러포즈가 성공하기를 빈다는 덕담까지 해 주었다.

지수는 이내 잊어버렸는데 일주일쯤 지나서 문제가 터졌다. 3년 넘게 사내 연애를 해 왔던 정 대리가 여자 친구와 헤어졌다는 것이었다. 그런데 어이없게도 헤어진 이유가 지수 때문이라고 했다. 함께 데이트를 하는 장면을 보았다는 목격자까지 나왔고, 소문은 이상한 쪽으로 자꾸만 부풀려졌다.

길을 가다가 난데없이 오물을 뒤집어쓴 격이었다. 지수는 팀 동료들에게 그게 아니라고 자초지종을 설명했다. 그런데 다음 날, 정 대리가 지수에게 목걸이를 선물했다는 소문이 나돌았다. 졸지에 남의 애인이나 가로채는 악녀로 이미지가 굳어지는 순간이었다.

팀 동료들에 대한 분노와 함께 끝 모를 불신감이 솟구쳤다. 신입사원이라며 친절하게 대해 주던 선배들의 자상한 표정 뒤에 또 다른 표정이 감춰져 있다고 생각하니 갑자기 직장이란 곳이 무섭게만 느껴졌다.

"뭘 그런 걸 신경 써? 네가 그런 것도 아니잖아? 시간이 지나면 언젠가는 진실이 드러나게 돼 있어!"

어머니의 조언대로 지수는 애써 태연한 척 생활했다. 그러나 절로 한숨이 나왔고, 어떤 때는 가슴이 답답해서 미칠 것만 같았다. 할 수만 있다면 모든 사람들이 보는 데서 속을 다 까뒤집고 싶은 심정이었다.

● ●

꽃은 사람들의 오랜 관심과 사랑의 대상이다. 그러다 보니 특성과 생김새에 관련된 그럴듯한 설화나 전설이 있기 마련이다. 봉선화의 꽃말은 '나를 건드리지 마세요.'이다. 봉선화에도 특성과 얽힌 흥미로운 이야기가 전해져 내려오고 있다.

어느 날, 올림포스 신전에서 신들의 연회가 열렸다. 주인은 초대한 손님들의 숫자에 맞춰서 먹으면 '영원히 늙지 않는' 황금사과를 내놓았다. 그런데 욕심 많은 신이 사과 하나를 몰래 감춘 뒤, 자기 몫의 사과가 없다고 화를 냈다.

당황한 주인은 사과를 찾아봤지만 결국 찾지 못했고, 음식을 나르던 여인이 사과를 훔쳤다는 누명을 쓰기에 이르렀다. 그녀는 너무도 억울한 나머지 신들 앞에 엎드려 눈물로 결백을 호소했으나 아무도 믿어 주지 않았다.

누명을 쓰고 신전에서 쫓겨난 여인은 자신의 결백을 믿어 줄 사람을 찾아다녔다. 단 한 사람이라도 좋으니 자신의 진심을 믿어 준다면 억울함이 조금은 가실 것 같았다. 그러나 하나같이 그녀를 외면했고, 결국 지칠 대로 지친 그녀는 길가에서 쓸쓸한 죽음을 맞이했다. 그녀가 죽은 자리에서 이듬해에 한 송이 꽃이 피었는데, 바로 빨간 봉선화였다.

봉선화는 살짝 건드리기만 해도 씨 주머니를 터트려 자신의 속을 까뒤집어 보이는데, 이는 억울한 누명을 쓴 여인이 자신의 결백을 만천하에 드러내기 위함이라고 한다.

살다 보면 억울한 누명을 뒤집어쓸 때가 있다. 세월이 지나면 진실은 밝혀진다고들 하지만 반드시 그런 것도 아니다. 평생 죽을 때까지 누명을 벗지 못하는 경우도 있다. 한번 누명을 쓰면 좀처럼 벗어나기 힘든 까닭은 인간 본성 자체가 타인의 비극을 은근히 즐기는 경향이 있기 때문이다. 셰익스피어의 4대 비극이 시대를 뛰어넘어 오늘날까지 무대에 오르는 이유도 그 때문이고, 유명인의 파경과 관련된 기사가 신문에 대문짝만 하게 실리는 이유도 그 때문이다.

심리학 용어 중에 '방관자 효과(bystander effect)'라는 것이 있다. 주변에 사람이 많을수록 어려움에 처한 사람을 돕지 않는 사회적 현상을 일컫는다. 이러한 현상은 상황의 중요성을 정확히 인식하지 못해서 발생하거나, 내가 아니어도 다른 사람들이 도울 거라는 안이한 생각 때문에 발생한다.

억울한 일을 당하면 화가 치밀고, 기가 막혀서 말도 잘 안 나온다. 무턱대고 주변 사람들에게 하소연해 봤자 오히려 변명으로 들릴 수 있다. 이럴 때일수록 의식적으로 냉정을 찾으려고 노력해야 한다.

혼자서 누명을 벗으려고 안간힘을 쓰기보다는 재빨리 '키맨'을 찾아서 문제를 해결하는 게 바람직하다. 알리바이를 증명해 줄 수 있는 사람이 있다면 제1순위이고, 제2순위는 나에게 누명을 씌우는 분위기 자체를 바꿔 줄 수 있는 사람이다.

제1순위를 찾을 수만 있다면 문제는 쉽게 해결된다. 앞의 사례에서는 정 대리가 키맨이다. 정 대리가 앞에 나서서 해명해 준다면 누명은 쉽게 벗겨진다.

만약 제1순위를 찾을 수 없다면 제2순위를 찾아야 한다. 사내에서 벌어진 일이라면 제2순위는 팀장이나 직계 상사가 된다. 평상시 원만한 관계를 유지하고 있다면 그들을 찾아가서 인간적으로 호소해 보는 것도 좋은 방법이다.

"○○ 님은 지혜롭고 평상시 눈썰미도 좋으시잖아요? 저를 가까이서 지켜보셨으니 제가 어떤 사람이란 걸 아실 거 아니에요? 솔직히 제가 누명 쓰는 것도 억울하지만 이 일로 인해서 화기애애했던 팀 내 분위기가 경직될까 봐 걱정입니다."

팀장이나 직계 상사가 나 대신에 앞에 나서서 상황을 깨끗하게 정리해 주면 다른 사람들의 속마음은 어떻든 간에 표면적으로는 일단 누명을 벗을 수 있다. 만약 그들이 앞에 나서기를 내키지 않아 하면 내가 해명할 때 옆이나 뒤에 서 있기만 해 달라고 정중하게 부탁하라. 여우가 호랑이의 권위를 빌려서 숲 속의 동물들을 놀라게 하듯이, 그들을 지적에 세워 둠으로써 그들의 권위를 빌릴 수 있다.

해명할 때는 표정과 말이 일치해야 한다. 아무리 어이없는 상황이라도 히죽거리며 웃어서는 안 된다. 진지하게 한 사람, 한 사람의 눈을 정면으로 바라보며 되도록 천천히 말을 하되, 간결하면서도 조리 있게 하는 게 좋다.

이때 유의할 점은 아무리 화가 나 있다고 하더라도 다른 사람들을 비난하거나 공격하려 해서는 안 된다. 다른 사람들의 입장을 충분히 배려해 주면서 자신의 생각을 정확히 전달해야 한다.

한번 누명을 쓰게 되면 해명을 했어도, 범인이 나타날 때까지는 심리적으로 위축되게 마련이다. 둘 이상만 모여서 대화를 나누면 마치 내 이야기를 하는 것 같고, 별다른 생각 없이 돌아봐도 그 일 때문에 눈총을 주는 것으로 오해하기 십상이다. 심한 경우에는 노이로제에 걸려서 직장을 그만두고 싶은 마음이 하루에도 수십 번씩 든다.

신경과민증에 걸리면 세상은 창살 없는 감옥이 된다. 방에 혼자 우두커니 앉아서 그 일을 되씹는다면 독방에 갇혀 있는 것과 무엇이 다른가? 심리적으로 위축될 때일수록 혼자 있는 시간을 줄여야 한다. 내키지 않더라도 마음이 통하는 사람을 찾아서 만나는 게 좋다. 가볍게 술을 한잔 하든지 취미 활동을 하면서 수다도 떨고, 하소연도 늘어놓다 보면 가슴속에 응어리져 있던 설움과 분노도 스르르 풀어진다. 또한 대화를 나누다 보면 나의 상황을 제3자의 시선으로 바라볼 수 있기 때문에 어떻게 대처하는 게 현명한지 스스로 깨닫게 된다.

　누명을 쓰게 되면 하루가 100년 같고, 가시밭길을 맨발로 걸어가는 느낌이지만 한 가지 분명한 것은 그 또한 지나간다는 사실이다. 일찍이 앙드레 지드가 말하지 않았던가.

　"진실도 때로는 우리를 다치게 할 때가 있다. 하지만 그것은 머잖아 치료받을 수 있는 가벼운 상처이다."

연습 26

억울한 일을 당했을 때의 대처술

하나, '키맨'을 찾는다.

알리바이를 결정적으로 증명해 줄 수 있는 사람을 찾아라. 만약 그런 사람을 찾을 수 없다면 나에게 누명을 씌우는 분위기 자체를 바꿔 줄 수 있는, 조직의 실세를 찾아가서 도움을 요청하라. 그가 직접 나서서 상황을 정리해 준다면 금상첨화이고, 여의치 않다면 그를 옆이나 뒤에 세워 둔 상태에서 누명을 썼음을 해명하라.

둘, 해명할 때는 진지하게, 표정과 말을 일치시킨다.

아무리 어이없는 상황이라도 히죽거리며 웃지 마라. 둘러선 사람들과 눈을 맞추며 되도록 천천히 말을 하되, 간결하면서도 조리 있게 하라. 아무리 흥분 상태이고, 화가 났어도 다른 사람들을 비난하거나 공격해서는 안 된다. 다른 사람들의 입장을 충분히 배려해 주면서 나의 생각을 정확히 전달해야 한다.

셋, 환경을 바꾸지 않는다.

해명을 했다 하더라도 누명을 벗기 전까지는 심적으로 무척 괴롭다. 사람들의 눈총이나 구설수가 두려워서 직장을 옮기거나 갑작스레 환경을 바꾼다면 누명을 인정하는 꼴이 된다. 평상시와 다름없이 한결같은 마음으로 성실하게 일하다 보면, 설령 진범이 나타나지 않는다 하더라도 사람들은 서서히 내가 하지 않았음을 깨닫게 된다.

넷, 가족이나 친구들과 대화를 나눈다.

혼자서 계속 생각만 되씹다 보면 점점 더 상황이 힘겹게 느껴진다. 그럴 때는 정신도 환기시킬 겸 가족이나 친구들에게 상황을 털어놓고 조언을 구하라. 비록 그들이 적절한 해결책을 내놓지 못할지라도, 이야기를 나누다 보면 응어리져 있던 설움과 분노가 녹아내린다. 또한 제3자의 눈으로 상황을 볼 수가 있어서 어떻게 대처하는 게 현명한지 깨닫게 된다.

다섯, 취미생활을 즐긴다.

궁지에 몰려 있을 때는 낯선 일에 도전하기보다는 꾸준히 해 왔던 일을 하는 게 좋다. 가볍게 뇌를 쓰거나 몸을 움직이다 보면 뜻하지 않았던 곳에서 적절한 해결책을 발견하기도 한다. 또한 그동안 쌓인 스트레스도 풀 수 있고, 취미생활을 즐기는 사이에 밀착되어 있던 억울한 현실에서 한 발짝 떨어져 객관적으로 바라볼 수 있는 여유도 생긴다.

불행이라는 껍질을 벗어야
비로소 우리는 날게 된다

:

다연은 6개월 전, 어머니가 췌장암이라는 사실을 처음 알았다. 어머니는 그로부터 불과 석 달 뒤에 숨을 거두었다.

가족들과 함께 장례를 치른 다연은 다시 직장에 복귀했다. 처음에는 경황이 없어서 몰랐는데 시간이 지나자 점점 어머니에게 미안한 마음이 들었다. 고등학교 때 가출했던 일을 비롯해서 어머니의 속을 썩였던 일들이 다연의 머릿속에서 꼬리에 꼬리를 물고 이어졌다.

"엄마가 암에 걸린 건 다 나 때문이야!"

가족과 친구들은 정신적인 것과 암과는 의학적으로도 큰 연관이 없다며 다연을 달랬다. 그러나 다연은 좀처럼 죄의식에서 벗어날 수 없었다.

거기다가 근래에는 직장생활마저 회의가 들었다. 여행사에 근무하면 해외여행을 자주 가게 될 줄 알았는데, 다연은 발권 파트에서 일하고 있어서, 여행객들의 항공권 발행 같은 잔심부름을 하는 게 고작이었다.

다연은 퇴근 후, 대학 동창 모임에 가려다 수다 떨 기분도 아니고 해서 마음을 바꿨다. 집으로 가기 위해 지하철역을 향해서 걷다가 느낌이 이상해서 주변을 둘러보았다. 며칠 전만 해도 몰랐는데 거리에는 크리스마스 캐럴이 울려 퍼지고, 화려한 조명이 도시를 뒤덮고 있었다. 세상이 마치 커다란 무도회장처럼 느껴졌다.

차가운 땅 속에 누워 있을 어머니가 떠올랐고, 가슴이 아려왔다. 다연은 거리 한복판에 멈춰 서서 삼삼오오 지나가는 사람들을 멍하니 바라보았다. 문득, 홀로 황량한 벌판에 버려진 듯 진한 외로움이 스며들었고, 까닭 모를 눈물이 주르륵 흘러내렸다.

• •

불행에는 예정된 불행과 예기치 못한 불행이 있다. 예정된 불행은 닥칠 걸 예상하고 있다가 맞닥뜨리게 되는 불행이다. 마음의 준비만 어느 정도 되어 있다면 그다지 고통스럽지 않다. 반면 교통사고나 화재, 암 등과 같이 예고도 없이 갑작스레 밀어닥친 불행은 인간을 불안과 혼란 속으로 밀어넣는다.

그러나 심리학자들의 연구 결과에 따르면 이러한 재난이 궁극적으로 인간을 불행하게 만들지는 못한다. 인간은 오랜 세월 진화를 거치면서 어떤 상황 속에서도 적응하는 데 성공해 왔다. 예정된 불행은 물론이고 예기치 못한 불행 속에서도 살아남는 지혜를 터득했고, 그 지혜는 인간의 유전자 속에 새겨져 있다.

우리는 낯선 장소에서 낯선 사람을 만나면 육체는 긴장하고 정신적으로는 불안감을 느낀다. 이러한 반응은 외부의 위험으로부터 자신을 방어하기 위함이다. 그러다 일정한 시간이 지나 안전한 장소이고, 믿을 만한 사람이라는 판단이 들면 육체의 긴장이 풀리고, 마음은 빠른 속도로 안정을 되찾는다.

불행에 대한 반응도 이와 유사하다. 그러나 모든 사람이 적응에 성공하는 건 아니다. 삶을 부정적으로 바라보는 사람은 불행한 사건이 닥치면 그 속에서 부정의 의미를 찾아낸다. 이러한 생각은 부정적인 행동으로 이어지고, 부정적인 결과를 낳는다.

반면 삶을 긍정적으로 바라보는 사람은 불행한 사건 속에서도 긍정의 의미를 찾아낸다. 그들은 여기서 멈추지 않고 긍정적인 행동으로 옮겨서, 긍정적인 결과를 낳는다.

긍정적인 마인드로 불행을 극복해 낸 위인으로는 헬렌 켈러, 스티븐 호킹 등이 있다. 영국의 유명한 헤비메탈 밴드 '데프 레파드'의 드러머였던 '릭 앨런'은 교통사고로 왼쪽 팔을 잃었지만 4년 뒤, 재기 앨범을 낼 때 한쪽 팔로 훌륭하게 연주를 해냈다. 올림픽 금메달을 꿈꾸었던 체조선수 이승복 씨는 연습 도중 사고로 하반신 마비가 되었다. 그렇지만 그는 지금은 존스 홉킨스 대학병원에서 재활의학 수석 전문의로 일하고 있다.

인간을 불행하게 만드는 것은 우리가 상상하는 그런 끔찍한 사건, 사고가 아니라 그것을 받아들이는 삶의 태도에 달려 있다. 어떻게 해석하고 어떻게 행동하느냐에 따라서 운명이 엇갈린다.

20세기를 대표하는 지성 중 한 명인 영국의 버트런드 러셀은 『행복의 정복』에서 이렇게 말한다.

"현대에 있어서의 불행의 원인은 어두운 인생관이나 세계관, 경쟁, 피로, 권태, 질투, 부질없는 죄의식, 피해망상, 여론의 횡포 등에 있다."

따라서 행복해지는 비결은 그다지 어렵지 않다고 전한다.

"가능하면 자신의 운명이나 불행에 집착하는 옹졸한 태도를 버리고 무한히 넓고 다양한 외부 세계에 관심을 가져라. 쌓은 경험이 풍부하면 풍부할수록 불행을 이겨 낼 힘도 강해지는데 이러한 의지와 용기, 밝고 명랑한 인생관만 있다면 인간은 누구나 행복해질 수 있다."

불행은 단색이어서 단조롭지만 인생은 다색이어서 다채롭다. 다채로움을 적절히 이용한다면 단조로운 불행을 충분히 이겨 낼 수 있다.

실상 불행이란 안개 속의 유령 같은 것이다. 겁을 집어먹고 바라보면 끔찍하기 짝이 없는 형상이지만 두 눈을 똑바로 뜨고 직시하면 별것도 아니다. 인간은 진화 과정에서 온갖 종류의 재난과 참상을 경험한 백전노장의 유전자를 지니고 있기 때문에, 싸우겠다는 의지만 있다면 충분히 극복해 낼 수 있다.

다연은 갑작스레 어머니의 죽음이라는 불행한 사건과 맞닥뜨렸다. 죄의식이나 자책감 같은 부정적인 감정이 솟구칠 때마다 계속 먹이를 줘 왔고, 그것이 점점 커져가면서 우울증 증세로 나타나고 있다. '생존자 신드롬'에 계속 시달리게 된다면 인생에서 한 번뿐인 아름다운 청춘의 시절을 정신병원에서 보낼 수도 있다.

전문가들은 우울증 증세를 극복하는 효과적인 전략으로, 부정적인 감정이 솟구칠 때면 속으로 '스톱!' 하고 외칠 것을 권한다. 이는 인지적 행동치료의 일종인데 이처럼 간단한 행동만으로도 두뇌 구조가 바뀐다고 한다. 이것은 곧 우리의 인체가 어떤 강력한 불행에도 맞설 수 있는 메커니즘을 구축하고 있음을 의미한다.

스스로 불행하다고 느낀다면 직장을 그만두려 하거나 친구들을 멀리해서는 안 된다. 스트레스를 많이 받고 있는 상황에서는 생각의 폭이 좁아져 현명한 판단을 할 수 없기 때문에 나중에 후회할 일을 만들 가능성이 높다.

어떤 직장이든 장단점이 있다. 장점을 보려고 노력해야 하고, 좀 더 집중할 수 있는 일거리를 찾아야 한다. 친구들과의 관계 역시 마찬가지이다. 귀찮더라도 의식적으로 자주 만나고, 즐거운 시간을 보내기 위해서 노력해야 한다.

불행하다고 느낄 때면 시간의 속도는 한없이 느려진다. 어떤 일을 해도 집중력이 떨어지기 때문에 시간이 달팽이처럼 느릿느릿 지나가는 것이 보일 정도이다. 이 시기를 슬기롭게 보내는 방법은 평상시 하고 싶었거나 가치 있다고 여겼던 일에 도전해 보는 것이다.

부정적인 감정에 먹이를 주는 일을 멈춰라! 언제까지 아이처럼 '나만 불행해!' 하고 투덜대고 있을 건가? 인생을 살면서 단 한 번도 불행이라는 장애물을 만나지 않고 사는 사람이 어디 있겠는가.

긍정적인 눈으로 세상을 바라보면 눈앞의 장애물을 충분히 뛰어넘을 수 있다. 한치 앞이 안 보일지라도 꾸준히 나아가다 보면 애벌레가 껍질을 벗고 나와 나비가 되듯이, 새로운 세상이 눈앞에 펼쳐진다.

아름다운 청춘이 다 가기 전에, 그대도 한 번쯤 멋지게 날아봐야 하지 않겠는가?

불행, 가볍게 뛰어넘기

하나, 불행의 원인을 파악한다.

나에게 불행한 느낌을 갖게 하는 게 정확히 무엇인지 파악한 뒤, 해결 방법을 적극적으로 찾아보자. 한 방향에서만 바라보지 말고 주사위처럼 다각도로 돌려보자. 생각을 계속하며 찾다 보면 길이 보이게 마련이다.

둘, 조언을 구한다.

스트레스가 심하면 사고력이나 판단력 등이 떨어져 혼자서는 현명한 판단을 내릴 수가 없다. 주변에서 믿을 만한 사람에게 솔직하게 상황을 털어놓고 조언을 구하는 게 좋다. 불행이나 슬픔은 함께 나누다 보면 그 크기가 줄어든다.

셋, 새로운 목표를 설정한다.

갑작스러운 변화를 추구하기보다는 지금까지 해 왔던 일이나, 전부터 하고 싶었던 일들이 있으면 그중에서 새로운 목표를 하나 정해 본다. 목표는 도전 의식을 갖게 하고, 뇌를 활성화시켜서 삶에 활기를 불어넣어 준다.

넷, 감사하는 마음을 갖는다.

불행하다는 것은 어떤 사건으로 인해서 환경이 바뀌었음에도 여전히 적응하지 못하고 있다는 증거이다. 과거를 잊고 현실에 적응하기 위해 노력해야 한다. 나 자신이든, 가족이든, 이웃에게든 감사하는 마음을 갖다 보면 적응이 한결 쉬워진다.

다섯, 햇볕을 쬐며 운동한다.

햇볕을 쬐면 세로토닌이 분비되고, 운동을 하면 도파민이 분비된다. 뇌가 긍정적인 마인드로 변하기 때문에 현재 나로 하여금 불행을 느끼게 만드는 것들을 객관적인 시선으로 바라볼 수 있는 여유가 생긴다.

몰입은 구덩이에 빠진 행복을 되찾는 힘이다

재영은 동거하던 여자 친구가 임신하는 바람에 대학교 3학년 때 결혼했다. 졸지에 가장이 되었지만 학업을 중단할 수 없어서 밤늦게까지 아르바이트를 하며 학교에 다녔다. 그렇지 않아도 바쁜 생활이 아이가 태어나면서 눈코 뜰 새 없이 바빠졌다.

새벽에 나갔다가 집에 돌아오면 자정이 넘은 시간이었다. 초보 엄마는 아이와 씨름하다 지쳐 잠이 들어 있고, 밤낮이 바뀐 아이가 초롱초롱한 눈빛으로 맞아 주었다. 반가움도 잠시, 아이는 밖으로 나가자며 목청이 터지도록 울어댔다. 아이를 유모차에 태워서 꾸벅꾸벅

졸며 골목을 배회하다 보면 부연 여명이 트곤 했다.

재영의 원래 꿈은 외교관이었다. 부족한 시간을 쪼개서 틈틈이 외무고시를 준비했지만 허무하게도 1차에서 떨어지고 말았다. 일어에 능통했던 재영은 일본에서 생활용품을 수입해서 판매하는 무역회사에 취직했다. 입사했을 때만 해도 엔화가 안정적이고 시장 또한 확장 단계여서 전망이 좋았다. 하지만 그 뒤로 엔화가 꾸준히 상승한 데다 시장마저 위축되어서 지금은 언제 문을 닫을지 모르는 실정이었다.

가정생활도 평탄하지 않았다. 아내는 결혼 초부터 동갑내기인 여동생과 마찰을 빚더니 여동생이 치과의사와 결혼하고 나서부터는 시댁과 아예 연락을 끊었다. 어머니와 여동생은 수시로 전화해서는 아내를 흉봤다. 중간에 낀 재영은 화해시킬 요량으로 상대를 두둔해주다 오히려 양쪽에서 욕을 얻어먹곤 했다.

"왜 갈수록 사는 게 힘든 걸까?"

경제적인 측면이나 생활적인 면에서는 결혼 초창기에 비해 분명히 좋아졌다. 원룸에서 시작했는데 5년이 지난 지금은 17평 아파트에 승용차까지 장만했다. 아이도 이제는 아내가 혼자서 척척 키워서 수면 시간도 늘어났고, 예전에는 꿈조차 꿀 수 없었던 자유 시간도 생겼다. 과거와 하나하나 비교해보면 삶은 분명 나아졌음에도 삶이 예전보다 훨씬 더 버겁게만 느껴졌다.

재영은 퇴근 무렵 고등학교 동창의 전화를 받았다. 모처럼 만에 친구들끼리 모여서 한잔 하기로 했다며 참석 의사를 물었다. 지갑을 열어 보니 만 원짜리 한 장이 전부였다. 아파트를 장만할 때 은행에서 빌린 대출금 때문에 카드도 아내에게 압수당한 상태여서 아쉽지만 다음을 기약할 수밖에 없었다.

퇴근길에 술집 앞을 지나다 보니 호탕한 웃음소리가 들려 왔다. 행복에 겨워 보이는 사람들의 환한 표정을 보고 있으니 문득, '나는 도대체 언제쯤 마음 편하게 살 수 있을까?' 하는 의문이 들었다. 어쩌면 그날은 영영 오지 않을 수도 있다는 생각이 들었고, 울고 싶을 정도로 마음이 무거워졌다.

● ●

날이 갈수록 삶이 힘들게 느껴진다면 인생을 다시 정비해야 할 때이다.

학교를 졸업하고 직장에 다니게 되면 대다수가 그 속에 매몰되고 만다. 예전처럼 꿈을 그려도 보지만 행동이 뒷받침되지 않는 생각일 뿐이고, 변신하기 위해서 때론 굳게 결심해도 아침이 되면 까맣게 잊고 태엽인형처럼 직장으로 향한다. 그러는 사이에 아랫배에 지방이 차오르고, 시냇물 따라 흘러가는 나뭇잎처럼 보이지 않는 손이 이끄는 대로 그냥 그렇게 하루하루를 살아간다.

삶이 힘들게 느껴지는 이유는 주도권을 빼앗겼기 때문이다. 바꿔 말하면 직장생활에 적응하면서 시나브로 꿈이 사라져 버렸기 때문이다. 꿈을 향해서 달려갈 때는 아무리 힘들고 고달파도 그 사실을 모른다. 그래서 성공한 사람들은 입을 모아 이렇게 말한다.

"어떻게 그토록 힘겨운 시절을 버텨냈는지 모르겠어요. 그 시절로 되돌아간다 해도 그때처럼 열심히 살 자신은 없어요."

꿈과 이상은 청춘을 유지하게 해 주는 최고의 명약이다. 사무엘 울만이 78세에 쓴 「청춘」이라는 시에 보면 이런 구절이 나온다.

"…… 나이를 더해 가는 것만으로 늙는 사람은 아무도 없다. 이상을 잃어버릴 때 비로소 늙는다. 세월은 피부에 주름을 늘릴 뿐이지만 열정을 잃으면 마음에 주름이 진다. 고뇌, 공포, 실망으로 기력은 떨어지고 정신은 먼지가 된다."

꿈을 포기해 버리면 비로소 잊고 있었던 삶의 고단함이 찾아온다. 우리가 살아가면서 꿈을 놓지 말아야 하는 이유이다.

변호사가 되고, 의사가 되었다고 해서 모든 꿈이 이루어진 것은 아니다. 단지 꿈의 성에 들어선 것뿐이다. 이제부터 본격적으로 꿈을 펼쳐야 할 시기인데 대다수가 꿈이 이루어진 것으로 착각해, 변호사나 의사라는 좁은 직위 안에 안주해 버리고 만다.

또한 원래 꿈과 전혀 다른 직업을 얻었다고 해서 꿈을 이룰 기회를 놓쳐 버린 것도 아니다. 상황이 바뀌면 꿈도 바뀌게 마련이다. 성공한 많은 이들이 바뀐 상황 속에서 바뀐 꿈을 꾸었고, 최선을 다해서 그 꿈을 이루어냈다.

꿈을 이루었건 이루지 못했건 간에 삶이 버겁게 느껴진다면 새로운 인생을 계획하고 설계해야 할 때이다. 그러기 위해서는 나에게 먼저 질문을 던져야 한다.

"나는 죽기 전에 무엇을 꼭 해 보고 싶은가?"

어렸을 때는 막연하게 꿈을 꾸지만 나이를 먹으면 구체적으로 꿈을 꾼다. 따라서 실현 가능성 또한 높아진다.

살아서 하지 못하면 죽을 때 반드시 후회할 것 같은 간절한 꿈이 있다면 더 늦기 전에 모든 걸 내던져 도전해 볼 필요가 있다. 일단 안 된다는 생각은 내려놓고, '할 수도 있지 않을까?'라는 물음에서 출발하라. 긍정적인 시선으로 검토해 보고, 가능성이 보인다면 미친 듯이 파고들어라.

몰입은 인간을 행복하게 한다. 무언가에 몰입하다 보면 미래에 대한 막연한 불안감도 사라지고, 대인 관계에서 오는 갈등으로 인한 스트레스도 줄어든다. 또한 여기저기서 눈치를 살피며 비위를 맞추는 사이에 땅에 추락해 버린 자존감도 서서히 회복된다.

앞에 사례로 든 재영의 경우도 마찬가지이다. 꿈도 없고, 삶의 기준도 없기 때문에 갈수록 삶이 버겁게만 느껴지는 것이다. 꿈을 향해 달리는 사람은 앞만 보며 달린다. 마라톤도 그렇듯이 꿈의 레이스를 포기해 버린 사람들만이 주변을 두리번거린다. 주로를 벗어난 그들은 이제 선수가 아닌, 단지 구경꾼일 뿐이다.

삶의 기준이 있으면 다행이지만 그마저 없는 사람은 타인과의 비교를 통해서 자신의 위치를 확인하려 든다. 연봉을 비교하고, 자동차의 가격을 비교하고, 휴대전화를 비교하고, 심지어는 여자 친구의 미모까지 비교한다. 결국 남는 것은 패배감과 좌절감뿐이다.

한 번뿐인 인생인데 남의 눈치나 보며 산다면 그처럼 허망한 인생도 없다. 청춘은 무언가를 만들어나가는 시기이지, 그 자체로 완성된 시기는 절대 아니다. 비교하고, 평가하는 건 나중에 해도 늦지 않다. 지금은 앞만 보며 미련할 정도로 꾸준하게 뚜벅뚜벅 걸음을 옮겨야 할 때이다. 가다가 신발 끈이 풀어졌다면 잠시 멈춰 서서 질끈 동여매고, 길을 잃었다면 높은 나무에 올라가서 방향을 찾은 뒤 다시 길을 떠나야 한다.

청춘임에도 불구하고 열정도 패기도 없다면 요한 볼프강 폰 괴테의 말을 가슴 깊이 새길 필요가 있다.

"모든 것은 젊었을 때 구해야 한다. 젊음은 그 자체가 하나의 빛이다. 빛이 흐려지기 전에 열심히 구하라. 젊은 시절에 열심히 찾고 구한 사람은 늙어서 풍성하다."

연습 28
삶의 주도권을 되찾는 순서

하나, 걸어온 날들을 되돌아본다.
현재의 내가 궁금하면 과거를 돌아보라. 흘러간 시간들의 총체가 현재의 나이다. 과거를 보면 내가 꿈의 연장선상에 서 있는지, 전혀 다른 길을 걸어가고 있는지, 엉뚱한 곳에서 헤매고 있는지 알 수 있다. 내 위치를 알아야 갈 곳을 정할 수 있다.

둘, 질문을 던진다.
'나는 지금 행복한가?', '내가 느끼고 있는 불행이나 초조감의 정체는 무엇인가?', '현재의 상황이 계속된다면 3년 뒤의 나는 어떤 모습일까?', '죽기 전에 이것만은 꼭 해야 하지 않을까?', '과연 이것이 실현 가능한 꿈일까?' 등등의 질문에 답하다 보면 길이 보인다.

셋, 새로운 계획을 세운다.
목적지를 정했으면 무작정 걸음을 옮기기 전에 전략을 짜라. 신중하게 장기, 중기, 단기 목표를 세워라. 최종 목적지까지의 거리가 막막하게 느껴진다면 목표를 잘게 쪼갤 필요가 있다. 일단 눈앞의 목표만을 바라보며 걷다 보면 자신감도 생기고 상황도 바뀐다.

넷, 삶의 기준을 정한다.
목표를 이루기 위해서는 삶의 기준을 정할 필요가 있다. 삶의 기준을 어떻게 정해야 할지 막막하다면 본받고 싶은 멘토의 삶을 찬찬히 돌아보라. 그분은 어떤 기준을 갖고 살고, 나는 어떤 기준을 갖고 세상을 살아갈 것인지를 구체적으로 정하라.

다섯, 몰입한다.
목표를 이루기 위해서 일정한 기한을 정해 두면 몰입도가 한층 높아진다. 끊임없이 뇌에다 압력을 가하라. 그 일을 할 때는 물론이고 길을 걷거나 잠자리에 들기 전에도 끊임없이 생각하라. 뇌가 활성화되면 놀라운 능력을 발휘할 수 있다.

부록/

후회 없는 젊은 날을 보내는 7가지 비결

● 하나, 내가 하고 싶은 일을 하며 산다.

행복의 첫걸음은 선택받는 삶이 아닌 선택하는 삶에 있다. 부모님이나 주변 사람들에게 물질적인 도움을 받을 수도 있고, 그들이 드물게 훌륭한 조언가 역할을 할지라도 최종 선택만큼은 오로지 내 몫이 되어야 한다. 대학의 학과 선택은 물론이고, 직업을 고를 때도 스스로 생각해서 선택하라. 그래야 역경과 고난이 찾아와도 극복해 낼 수 있고, 다른 사람보다 더 잘할 수 있고, 훗날 자신의 인생에 대해서 자부심을 갖게 된다.

부나 명성, 권력 같은 것을 얻기 위해 원치 않는 일을 하며, 원치 않는 삶을 살아가지 마라. 아무리 열심히 해도 즐기는 사람은 이길 수 없는 법이다. 자기가 좋아하는 일에 미쳐서 열심히 살다 보면 그런 것들은 그림자처럼 자연스럽게 따라오게 마련이다.

● 둘, 어떤 상황에서도 꿈을 포기하지 않는다.

꿈꾸는 사람은 늙지 않는다. 꿈을 포기하는 순간, 갑작스런 피로와 함께 빠르게 나이를 먹기 시작한다. 대개 20대 중반이나 후반쯤 되면 직업을 갖게 된다. 월급을 받으며 직장에 다니다 보면, 현실에 안주하게 되면서 꿈으로부터 서서히 멀어져간다.

20대 때 "어른스러워졌다."는 말을 들으려고 노력하지 마라. 나이를 먹으면 자연스럽게 어른스러워지기 마련이다. 20대라면 그 자리가 어떻든 간에 안주해서는 안 된다. 성공이든 실패든 간에 박차고 일어나서 끝없이 도전해야 한다. 주위의 시선 따위는 의식하지 말고 꿈을 향해 달려가라. 20대가 인생에서 가장 멋진 까닭은 꿈을 향한 열정이 가슴속에 활활 타오르고 있기 때문이다.

● **셋, 여행을 다닌다.**

10대는 그릇을 만들 흙을 손질하는 시기이고, 20대는 그릇을 만드는 시기이고, 30대는 칠을 하고 문양을 넣어서 불에 구워 그릇을 완성하는 시기이고, 40대 이후에는 그릇을 용도에 맞게 사용하는 시기이다.

그릇의 크기, 즉 인물의 크기를 결정하는 중요한 시기가 20대이다. 바람과 햇살, 빗물이 식물을 키우듯이 여행은 사람을 키워 준다. 컴퓨터 앞에 앉아 있지 말고, 휴대전화를 만지작거리며 소중한 시간을 허비하지 말고 여행을 떠나라. 눈으로 보고, 마음으로 느끼고, 기록하라. 20대에 세상을 보는 안목을 키우지 못하면 평생 우물 안의 개구리로 살아야 한다.

● 넷, 오늘을 소중히 여긴다.

인생을 말할 때 과거, 현재, 미래로 나누지만 사실 인생은 현재로만 이루어져 있다. 과거는 흘러간 현재이며, 미래는 아직 오지 않은 현재일 뿐이다. 따라서 인생은 오늘만으로 이루어져 있다고 해도 지나치지 않다. 어제도 아니고, 내일도 아니고 바로 오늘! 내게 주어진 오늘 하루를 어떻게 살았느냐에 따라서 나의 인생이 결정된다.

   20대가 되면 부모의 통제나 과다한 학습에서 벗어나 시간적으로든 정신적으로든 자유를 누리게 된다. 이때 자유를 어떻게 사용하느냐에 따라서 인생이 엇갈린다. 무슨 일을 하며 하루를 보내든 간에 그 저변에는 오늘을 소중히 여기는 마음이 깔려 있어야 한다. 오늘을 소중히 여기는 사람만이 인생의 소중함을 알고, 그런 사람만이 꿈을 이룬다.

● **다섯, 좋은 친구를 사귄다.**

인생에서 가장 많은 사람을 만나는 시기가 20대이다. 개성이 강한 다양한 사람을 만나지만 정작 사귀는 사람은 자신과 성격이나 자라온 환경, 가치관이 비슷한 사람을 사귀게 된다. 공통점이 많아서 화젯거리도 많고, 행동이 예측 가능하기 때문에 함께 있으면 마음이 편안하기 때문이다.

친구란 또 다른 나의 얼굴이다. 단조로운 얼굴보다는 입체적인 얼굴이 매력적이듯이, 친구도 다양한 친구를 사귈 필요가 있다. 그래야 고정되어 있던 생각의 틀도 깨어지고, 나도 발전하게 된다. 단, 좋은 친구를 사귀어라. 좋은 친구란 기쁨은 배로 늘려 주고, 슬픔은 반으로 줄여 준다. 만약 그 반대라면 가급적 멀리하는 게 좋다.

● **여섯, 문화생활을 즐긴다.**

"고기도 먹어 본 사람이 많이 먹는다"는 속담처럼 문화생활도 일찍부터 즐겨 본 사람만이 평생 즐기게 된다. 20대

때 책을 멀리한 사람은 평생 책을 멀리한다. 전람회, 연극, 음악회, 뮤지컬 같은 공연도 20대 때 한 번이라도 가 본 사람만이 다시 찾는다.

　용돈은 한정되어 있고, 티켓은 비싸서 엄두가 나지 않을수록 문화생활을 즐길 필요가 있다. 찾아보면 비싼 돈을 지불하지 않고도 즐길 수 있는 방법이 있다. 영화 몇 편 본 게 사는 동안 즐긴 문화생활의 전부라면 참으로 답답한 인생 아니겠는가?

　문화생활을 찾아서 즐겨야 하는 중요한 이유는 바로 그 안에 인생의 즐거움이 있고, 그 안에 온갖 아이디어가 감춰져 있기 때문이다. 여유로워서 문화생활을 즐기는 게 아니라 문화생활을 즐기다 보면 삶이 여유로워진다.

● **일곱, 다양한 분야의 사람을 만난다.**
우리는 어려서부터 꿈을 꾸고, 꿈을 향해 달려가지만 과연 나의 적성에 맞는 건지, 자질이 있는 건지, 이 길이 나에게 최선의 길인지 확신할 수 없다. 그러다 보니 꿈도 자주 바뀌고, 가끔씩은 무슨 일을 하며 평생을 살아야 할까를 생각하면 가슴이 답답해지곤 한다.

  나이를 먹으면 변화가 힘든 까닭이 끼리끼리 놀기 때문이다. 생각의 틀도 고정되어 있고, 뇌에 새로운 자극도 없어서 변화 자체가 두렵게만 느껴진다. 20대라면 현재 꿈이 있든 없든 간에 더 늦기 전에 다양한 분야의 사람을 만나 대화를 나눌 필요가 있다. 그러는 사이에 혼란스러웠던 생각은 정리되고, 내가 구체적으로 가야 할 방향이 보인다. 또한 책을 읽을 때는 경험하지 못했던, 가슴 깊이 파고드는 인생의 소중한 교훈을 덤으로 얻는다.